FACKELTRÄGER VERLAG

Ulrich Küntzel

Die Geschäfte des Napoleon Bonaparte

Fackelträger Verlag

Die Deutsche Bibliothek – CIP Einheitsaufnahme

Küntzel, Ulrich:
Die Geschäfte des Napoleon Bonaparte /
Ulrich Küntzel. – Hannover:
Fackelträger-Verl., 1997
ISBN 3-7716-2322-7 Pp.

Satz und Reproduktion:
Satz Repro Grafik GmbH, Leipzig
Druck und Bindearbeiten:
Messedruck Leipzig GmbH
ISBN 3-7716-2322-7

»Bürger Thouin, soeben haben Sie Bonapartes erhabene Reden und Gesinnungen vernommen. Glauben Sie kein Wort davon! Er belügt sich selbst und seine Zuhörer. Niemand hat einen unruhigeren Geist, größeren Tätigkeitsdrang, fruchtbarere Erfindungskraft für Projekte, blühendere Phantasie und hartnäckigere Ausdauer. Ohne die Staatsgeschäfte würde er jeden Tag das Haus auf den Kopf stellen. Es wäre gar nicht mit ihm auszuhalten.« (*Josephine* 1797 in *Mombello*)

»Die Partei der Militärs hat die Republik gestürzt, zusammen mit den großen Dieben.« (*Larevellière*)

»Ich kenne meine Franzosen. (Sie haben gern) jemanden an ihrer Spitze, der sie von Zeit zu Zeit ins Ausland auf Raub führt.« (*Napoleon* zu *Lucien*)

Stendhals Roman *Lucien Leuwen* beginnt im Frühjahr 1834 mit dem Eintritt des Helden als Unterleutnant in ein Kavallerieregiment. Zwei Jahre zuvor ist er mit zahlreichen Kameraden von der Elite-Hochschule École Polytechnique geflogen: Sie sind trotz Verbot dem Sarg des Generals *Lamarque* gefolgt. Der Trauerzug war eine republikanische Demonstration, er gipfelte in einem – von *Heinrich Heine* beschriebenen – Putschversuch. Übrigens hat sich *Lucien* nicht politisch betätigt, er ist nur stiller Republikaner.

In der Folge entwickelt sich die Geschichte vor dem Hintergrund militärischer, Geschäfts-, Verwaltungs- und politischer Interessen, die der Autor selbst als Kavallerieoffizier, als Beamter der Heeres- und inneren Verwaltung kennengelernt hat. Fast die gesamte französische Gesellschaft tritt auf, vom »gekrönten Rechenmeister« *Louis Philippe* bis zu den streikenden Webern. Die konfliktreiche gesellschaftliche Lage läßt eine kommende Revolution als unvermeidlich erscheinen.

Stendhal schildert die französische Gesellschaft, wie sie aus Revolution, Kaiserreich, Restauration und Julirevolution hervorgegangen war. Er nimmt ständig Bezug auf *Napoleon*.

Dessen Wirkung war denkbar vielseitig. Jenseits der Meere verschaffte er den *USA* durch den Verkauf *Louisianas* den Kontinent jenseits des Mississippi. Sein Halbinselkrieg schnitt Lateinamerika zeitweilig von Portugal und Spanien ab, unterwarf es also dem britischen Kapital. Seine Stellung in der französischen Revolution stellt vielseitige Fragen, er hat alle kontinentaleuropäischen Länder von *Spanien* bis *Polen* umgewälzt, seine 22 Kriegsjahre liefern die vielfältigsten militärischen Probleme. Daher haben die ernsthaften Napoleonforscher jeder nur wenige Aspekte in den Blick bekommen. Die Frage nach seinen Geschäften hat uns zu einer anders nicht erreichbaren Universalität der Fragestellung gezwungen.

Ende 1812 hätte die Ostgrenze von Napoleons Imperium gehalten werden können, falls das von *Yorck* befehligte preußische Hilfskorps beim französischen Bündnis geblieben wäre. *Napoleon* stellte dem General *v. Yorck* den französischen Marschallrang nebst 20 000 Francs Rente in Aussicht: Er wollte *Yorcks* Kollaboration erkaufen, übrigens, an seinem Maßstab gemessen, sehr billig.

Das entsprach einer Familientradition, die *Napoleon* noch als Leutnant mißbilligt hatte. Sein Vater war als Kollaborateur der französischen Besatzungsregierung emporgekommen. Nach dem Sprachgebrauch der Aufklärung waren die damaligen Korsen Wilde. Sie lebten von kleinbäuerlicher Landwirtschaft, Jagd und Fischfang. Aber zur Feldarbeit gaben sich korsische Tagelöhner nicht her; die überließen sie den verachteten Saisonarbeitern vom italienischen Festland. Diese Einstellung verhinderte den Landesausbau. Das beste, als Acker geeignete Gelände blieb Malariasumpf. Wichtigstes Haustier war die Ziege. Die Ziegenherden hielten den Wald nieder; er ist zu Busch verkrüppelt, italienisch macchia, französisch maquis. Die Ziegen verhinderten auch allzu üppiges Gedeihen von Obstbäumen und Getreide.

Mangels landwirtschaftlichen Mehrwerts gab es auf *Korsika* keinen Feudalismus: weder Leibeigenschaft noch auch nur Hörigkeit, mithin keinen Feudaladel. Bei der Geringfügigkeit des in kleine Flächen zersplitterten Ackerbaus wurde der korsische Individualismus nicht einmal durch Flurgemeinschaft beschränkt. Nur die Fremdherrschaft beeinträchtigte ihn. Denn *Korsikas* Lage im Mittelmeer und die dünne Besiedlung lockte kontinentale Eroberer an. Doch nicht einmal die Römer hatten das gebirgige Innere der Insel unterwerfen können. Im Spätmittelalter und der frühen Neuzeit scheiterten *Pisa, Genua, Aragon* an dem unwirtlichen Gelände und der korsischen Unzähmbarkeit. Erst *Frankreich* als moderne Militärmacht konnte seiner Herrschaft über *Korsika* Dauer verleihen. Es begründete sie durch die Schlacht bei *Pontenuovo* am 9. Mai 1769. Ein Vierteljahr später wurde *Napoleon* geboren.

Seit undenklichen Zeiten bestand eine ungebrochene demokratische Tradition auf *Korsika*. Um die Mitte des 18. Jahrhunderts hatte ihr *Pasquale Paoli*, im

Kampf gegen *Genua*, einfache, zweckmäßige Formen verliehen, die an die *Schweizer* Urkantone und Island erinnern und Rousseaus Beifall fanden. Paoli suchte das schlimmste Erbübel auszurotten: die Blutrache. Er stellte ihr eine demokratische Justiz entgegen. Ferner begründete er Schulen und akademische Einrichtungen. Nach seiner Vertreibung war davon keine Rede mehr. Jedenfalls aber war *Korsika* frei von der geistigen Verkrüppelung, die in Klassengesellschaften keineswegs nur auf den »unteren« Gesellschaftsschichten lastet. Daher trotz fehlender Bildungseinrichtungen eine bemerkenswerte geistige Regsamkeit; daher auch die bemerkenswerte Anzahl junger Korsen, die gleichzeitig mit *Napoleon* die Aufstiegsmöglichkeiten nutzten, welche die französische Revolution eröffnete.

Keinerlei feudale oder zünftische Vorurteile hinderten sie, ihren Vorteil kaltblütig wahrzunehmen; allenfalls sündigten sie durch die auf der Insel übliche, gewalttätige Rücksichtslosigkeit. *Napoleon* selbst hat übrigens bis Sommer 1793 seine Chancen in *Frankreich* verachtet. Vielmehr suchte er in seiner korsischen Heimat aufzusteigen. Erst als er dort gescheitert war, spielte er die französische Karte.

Als Plebejer geboren – auch wenn sie ein Adelsdiplom hatten –, nahmen die Korsen in der französischen Revolution für die Linke Partei, versteht sich für die bürgerliche Linke, meist als Jacobiner. Dann gingen sie als Parvenüs mit der Gegenrevolution, zumal ihr Landsmann *Napoleon* an deren Spitze trat. Im allgemeinen wurden sie in der Ausnutzung politischer und geschäftlicher Situationen auch nicht durch Kirchenzugehörigkeit oder Religiosität gehemmt.

»Niemals haben kirchlicher Fanatismus, Schwärmerei oder gar Pfaffenherrschaft unter den Korsen Wurzeln geschlagen. Wenigstens von diesen Plagen blieb die Insel verschont.« (*Gregorovius*)

Weder an Grundbesitz noch sonstigem Vermögen erhoben sich die korsischen Häuptlingsfamilien nennenswert über die Kleinbauern. Es gab Leute von Adelsrang, die als Tagelöhner lebten. Die Arbeiter aßen mit am Tisch der Herren, redeten ihn mit du und mit Vornamen an. Ebenso unbefangen verhielten sich *Napoleon* und dessen Brüder gegenüber Höhergestellten. Achtzehnjährig schrieb er selber an Paoli und später an den Kriegsminister, und im Alter von vierzehn Jahren erkundigte sich sein jüngerer Bruder *Louis* bei *Bernardin de St. Pierre*, was in dessen Buch *»Paul und Virginie«* erfunden, und was Tatsache sei.

Die *Buonapartes* waren eine Häuptlingsfamilie zweiten Ranges in *Ajaccio*. Ihr Grundeigentum lag größerenteils flußaufwärts im Landesinneren bei *Boccagnano*. Ihre wirtschaftliche Basis war wesentlich schmaler als nach Homer die des listenreichen Odysseus. *Napoleons* Eltern besaßen ein Haus in der ehemaligen Landeshauptstadt *Corte*, ein zweites in der neuen Hauptstadt *Ajaccio*, 12 ha Ackerland, Weinberge, Grünland, eine Kastanienpflanzung, endlich Ziegen, die nach homerischer Art unter Aufsicht treuer Hirten im »Busch«, in den Bergen, weideten. Ob Geld hereinkam, hing davon ab, wie weit die Ernte den Eigenverzehr von Familie und Gesinde überstieg.

Der Überschuß war in manchen Jahren größer, als die sentimentale Legende von der Armut der *Buonapartes* wahrhaben will. In dem gleichen Jahr 1775, als sich *Carlo Buonaparte* für seine Gesuche um königliche Geldzuwendungen das Armenrecht bescheinigen ließ, bezog er aus der Vermietung seines Hauses in *Corte* 400, aus Getreideverkauf 3 000, aus Wein 4 000 Livres, eine Summe, die in einem armen Land wie *Korsika* gewiß nicht weniger Kaufkraft hatte als heute bei uns 150 000 DM, womit man aber sehr viel weiter kam als bei uns mit diesem Betrag, denn Wohnung und Verpflegung waren vorhanden. Ein bewaffnetes Gefolge von 30 oder 50 Mann wie *Odysseus* hätte *Carlo Buonaparte* allerdings nicht unterhalten können; aber auch *Paoli* war dazu außerstande, und trotz seiner bescheidenen Lage gehörte *Carlo Buonaparte* zu den wohlhabendsten Korsen.

Zudem hoffte er auf Erbschaften. Seit Jahrzehnten prozessierten seine Eltern, dann er selbst um den Nachlaß des kinderlos verstorbenen Bruders seiner Mutter, den Jesuiten durch Erbschleicherei an sich zu bringen versucht hatten. Aber die Zeiten waren ungünstig für den Orden. In den sechziger und siebziger Jahren des Jahrhunderts wurde er in der ganzen lateinischen Welt aufgehoben, und 1786, ein Jahr nach dem Tode ihres Mannes, erlangte *Laetitia Buonaparte* die heißumstrittene Erbschaft, nach Abzug aller Kosten immer noch 13 359 Livres bar. Das vorhandene Vermögen *Carlo* und *Laetitia Buonapartes* belief sich vorher auf etwa 14 000 Livres, also verdoppelte sich das Barvermögen durch die Erbschaft. Dazu kam 1791 noch der Schatz, den bis dahin der Erzdiakon von

Ajaccio, Luciano Buonaparte, in seinem Bettstroh gehütet hatte. Schon vorher hatte der sparsame Onkel dem vielversprechenden Leutnant *Napolione* (»der Neapolitaner«) gelegentlich bescheidene Beihilfen gewährt. Wieviel der Erzdiakon hinterlassen hat, ist unbekannt. Der Nachlaß soll in Grundbesitz angelegt worden sein. Jedenfalls hat *Napoleon* einen gewissen Betrag daraus in seiner Wahl als stellvertretender Kommandeur eines Freiwilligen-Bataillons der Nationalgarden im März–April 1792 angelegt.

Nach dem Maßstab des französischen Adels, selbst in den hinterwäldlerischen Bezirken der *Bretagne* und der *Vendée,* waren diese Verhältnisse sehr ärmlich. Nach korsischem Maßstab waren sie recht anständig, aber um das Vermögen zusammenzuhalten, bedurfte es der strengsten Sparsamkeit, denn schließlich sollte gleichzeitig repräsentiert und den Kindern eine gute Erziehung nach französischem Maßstab verschafft werden. Die Sparsamkeit war das Ressort von Mutter *Laetitia.* Noch als Kaiserinmutter, mit beträchtlichen, ihr vom Sohne auferlegten Repräsentationspflichten, legte sie jährlich 600 000 Frs von ihrer Million Frs Zivilliste zurück, denn »ich habe acht Souveräne zu Kindern, sie werden mir alle eines Tages auf der Tasche liegen«. Diese Voraussicht erfüllte sich allerdings nicht; die Sieger von 1814 und 1815 ließen den acht Souveränen namhafte Vermögen. Ob man *Laetitia* als geizig bezeichnen will, ist eine Frage der Definition; jedenfalls gab sie alles, wenn es die Ehre und die Stellung der Familie galt. 1815 bot sie *Napoleon* ihr gesamtes Vermögen an.

Napoleon erbte sowohl die Sparsamkeit seiner Mutter wie die Neigung seines Vaters zu wohlberechneter Verschwendung. Vater und Sohn warfen sozusagen mit der Wurst nach der Speckseite. Aber selbst in den Tagen größter Fülle und scheinbar unbekümmerter Verschwendung rechnete und kontrollierte *Napoleon* mit der mißtrauischen Genauigkeit einer Hausfrau, die ihrer Köchin das Marktgeld nachzählt.

Väterliche Verschwendung und mütterliche Sparsamkeit wechselten miteinander ab, beispielsweise wenn es angezeigt schien, dem königlichen Intendanten von *Korsika* ein Diner zu geben. Dafür lieh *Carlo Buonaparte* aus der ganzen Bekanntschaft Möbel, Tischwäsche, Tischgeschirr, vermutlich auch Geld zusammen. Nach vollbrachter Tat wurde alles an Ort und Stelle zurückgebracht, und um die einmalige Riesenausgabe wieder einzusparen, teilte die Familie *Buonaparte* für Monate das Leben ihrer Ziegenhirten im Gebirge.

Carlo Buonapartes kostspielige Repräsentation machte sich bezahlt.

Der bourbonische Feudalabsolutismus behielt die höheren Laufbahnen dem Feudal- und Robenadel vor. Um *Korsika* zu assimilieren, legte also die französische Kolonialregierung Wert auf den Adelsrang ihrer eingeborenen Kollaborateure. Sie sollten den Adel ihrer Familie belegen, möglichst für die vorangegangenen zweihundert Jahre; die Urkunden darüber wurden sehr wohlwollend geprüft. Nur ein Teil der korsischen Notabeln ließ sich den Adel bestätigen und bewarb sich damit um öffentliche Ämter.

Vor allem qualifizierte man sich durch ein Jurastudium, herkömmlich an der Universität *Pisa*. *Carlo Maria Buonaparte*, sein ältester Sohn *Joseph* und beispielsweise *Napoleons* Kontrahenten *Cristoforo Salicetti* und *Carlo Andrea Pozzo di Borgo* besaßen deren Doktortitel. *Carlo Maria Buonapartes* Anwaltspraxis warf wenig ab, verschaffte ihm jedoch den Vorwand zu Geschäftsreisen in Italien. Von einer solchen Reise floh er mit geborgtem Geld und ließ dazu noch ein schwangeres Mädchen zurück. Er war ein schöner Mann von gefälligen Manieren und, wie später Napoleon, ein hartnäckiger, nicht abzuschüttelnder Bittsteller. Er erlangte

1. ein Adelspatent – unerläßliches »Fortbewegungsmittel« im damaligen *Frankreich*;
2. einen Sitz in dem Zwölferausschuß zur Repartierung der Abgaben auf die Bezirke und Gemeinden der Insel;
3. eine Assessorenstelle mit 900 Livres Gehalt am königlichen Gericht in *Ajaccio*;
4. auf seiner ersten *Pariser* Reise (1779) nicht weniger als 6000 Livres einmalige Gratifikationen – solche Zuwendungen waren ein Hauptmittel damaliger Feudalherrscher zur Erhaltung ihres notleidenden Adels;
5. die Konzession für eine Maulbeer-Baumschule sowie einen Zuschuß zu deren Anlage- und Betriebskosten. Dieser Zuschuß wurde 1786 eingestellt; *Napoleon* hat sich bis 1792 ausdauernd, aber vergeblich um die Weiterzahlung bemüht, namentlich bei einem Parisaufenthalt im letzten Vierteljahr 1787;
6. vier Freistellen für einen jugendlichen Schwager *Fesch* und drei seiner eigenen Kinder: die beiden ältesten Söhne, *Joseph* und *Napoleon*, und die älteste

Tochter, *Elisa*, nachmals Großherzogin von *Toskana*. *Joseph Fesch*, der spätere Kardinal, besuchte seit 1779 das theologische Seminar zu *Aix-en-Provence*; *Joseph Bonaparte* seit 1779 die geistliche Schule zu *Autun*; *Napoleon* von 1779 bis 1784 die Militärschule zu *Brienne* und 1784/85 die Ecole Militaire zu *Paris*; *Elisa Bonaparte* von 1784 bis 1792 das adlige Mädchenpensionat *Saint Cyr* bei *Paris*.

Als *Carlo Buonaparte* 1784 auch seinen dritten Sohn, *Lucien*, nach *Brienne* brachte, mußte er dessen Pension allerdings selbst tragen, und nach seinem Tode 1785 flossen den *Buonapartes* königliche Gelder nicht weiter zu: Der erste französische Gouverneur von *Korsika*, Graf *Marboeuf*, der die Familie gefördert hatte, starb 1786, jener von *Carlo Buonaparte* bewirtete Intendant war schon 1785 versetzt worden, die Nachfolger hatten aber kein Interesse an den *Buonapartes*, denn diese waren vorerst weder in der korsischen Ständeversammlung noch in anderen maßgebenden Stellungen vertreten, hatten also keine Kollaboration mehr anzubieten.

Indessen war erreicht, was sich später als entscheidend für den Aufstieg der Familie *Buonaparte* erwiesen hat: Napoleon war sechzehnjährig Leutnant der Artillerie geworden.

Napoleon als Kadett und Subalternoffizier 1779–93

Die Militärschule von *Brienne* wurde von Minoritenbrüdern geleitet, die den lateinischen und den Literaturunterricht selbst erteilten; dagegen wurde der Unterricht in den militärisch wichtigen Fächern – Deutsch, Mathematik, Zeichnen – sowie in Musik und Tanz von Laien gegeben. Die Knaben waren zwischen acht und fünfzehn Jahren alt, sie führten ein klösterlich hartes Leben, sie schliefen auf Gurtbetten in offenen Zellen, während ein Mönch auf dem Korridor wandelte. Ferien, oder auch nur Urlaub nach Hause oder Ausflüge, gab es nicht. Sechzig von den hundertundzehn Schülern waren in *Brienne* auf Kosten ihrer Eltern, für die übrigen fünfzig zahlte der König die Pensionskosten von 700 Livres im Jahr. Geschenke der Eltern an die Stipendiaten waren verboten, insbesondere durfte ihnen kein Geld geschickt werden.

Der materielle Gegensatz zwischen reichen und armen Zöglingen war noch ausgeprägter auf der École Militaire in *Paris*. Deren 120 Kadetten waren genau zur Hälfte Reiche, die 2 000 Livres jährlich zahlten, die andere Hälfte waren Stipendiaten. *Napoleon* fühlte die relative Beengtheit seiner Lage besonders, nachdem sein Vater 1785 an Magenkrebs gestorben war.

Sichere Aussicht auf Einstellung als Unterleutnant hatten nur diejenigen Kadetten, die sich bei der Artillerie bewarben. Dafür waren erhebliche Kenntnisse nötig: die hatte *Napoleon*. Als Schüler und Kadett, aber auch später sein Leben hindurch hat er angespannt gearbeitet. Er bestand das Offiziersexamen im August 1785, zur Zeit seines sechzehnten Geburtstages.

Der Legende zufolge war seine materielle Lage in seinen Leutnantsjahren sehr ärmlich, so daß er sich in der Regel mit einer warmen Mahlzeit täglich begnügen mußte und sonst nur trocken Brot hatte. Dies trifft nicht zu. Denn die damaligen französischen Leutnants bezogen hinreichenden Sold, um als Junggesellen bescheiden, aber durchaus angenehm zu leben, und in seiner ersten Garnison, *Valence*, speiste *Napoleon* an dem besseren der beiden Mittagstische, die es dort für Offiziere gab. Auch hat er sich keineswegs mit Büchern eingeschlossen, er wurde vielmehr in die Gesellschaft aufgenommen. Was Bücher anlangte, so verschlang er sie allerdings wirklich: *Rousseaus Contrat Social, Goethes Werther, Plutarch, Friedrichs des Großen Histoire de mon temps* und *Blackstones Commentaries on the Laws of England*. Sich von der Gesellschaft fernzuhalten, bestand für ihn auch keinerlei Grund, denn seit seine Mutter 1786 die langumstrittene Erbschaft *Odone* angetreten hatte, erhielt *Napoleon* von ihr einen monatlichen Zuschuß von 100 Livres, wodurch sich seine Barbezüge – er erhielt 93 Livres Sold – mehr als verdoppelten. Für die Miete eines möblierten Zimmers zahlte er monatlich acht, als Pensionspreis im Hotel »Zu den drei Tauben« 35 Livres, weitere 35 Livres wurden ihm als Kasinobeitrag einbehalten, somit blieben ihm von seinen Dienstbezügen 15 Livres zum Amüsieren. Manche seiner Kameraden erhielten weniger Sold, so daß er nach dem Maßstab seines Regiments mit dem häuslichen Zuschuß gut leben konnte.

Wirklich knapp lebte *Napoleon* nur in dem halben Jahr von Februar bis Juni 1791 als Secondelieutenant in *Auxonne*, da er seinen damals dreizehnjährigen Bruder *Louis* bei sich aufgenommen hatte, lediglich auf seinen Sold angewiesen war und *Louis* nicht nur unterrichtete, sondern auch beherbergte und verpflegte.

Gleichwohl trifft zu, daß *Napoleon* ein armer Offizier war, zwar nicht im Vergleich mit der Mehrzahl seiner Kameraden, wohl aber mit der hochadligen Minderheit, die den ausschließlichen Zugang zu den leitenden zivilen und militärischen Staatsämtern hatte. *Napoleon* hatte kaum Aussicht auf die Laufbahn, die seinen überlegenen Fähigkeiten entsprach: daher sein Haß gegen das Ancien Régime und dessen vielfach wenig befähigte Nutznießer, daher seine Bereitschaft zum Anschluß an die Revolution. In ähnlicher Lage wie er befanden sich zahlreiche andere Offiziere des Generalstabes und der beiden Intelligenzwaffen: Artillerie und Pioniere. Zwar vollzog auch in diesen Dienstzweigen nur eine Minderheit den Parteiwechsel, aber schon *Scharnhorst* hat in seinen Untersuchungen von 1797 über die Überlegenheit der französischen Revolutionsarmeen ausgesprochen, daß diese Minderheit hinreichte, um der französischen Revolutionsarmee die geistige Überlegenheit über die Heere des Ancien Régime zu verschaffen. *Napoleons* mehr angebliche als wirkliche häusliche Schwierigkeiten milderten sich durch die ausgedehnten, mehr oder weniger eigenmächtigen Urlaube, zumal ihm jedesmal bei der Rückkehr zum Regiment der rückständige Sold nachgezahlt wurde. Seit Ausbruch der Revolution und Beginn der Emigration genoß er einen rasch wachsenden Seltenheitswert als gelernter Offizier mit umfassendem Fachwissen; dazu kam die ererbte Fähigkeit, so lange bei den direkt oder indirekt Zuständigen vorstellig zu werden, bis er hatte, was er wollte.

Französische Offiziere des Ancien Régime waren weniger als die Hälfte ihrer Dienstzeit in der Garnison. Spätestens nach einem Jahr stand ihnen ein »Semester« zu, das heißt siebeneinhalb Monate Urlaub, der bereitwillig verlängert wurde. *Napoleon* trat sein erstes »Semester« zehn Monate nach Eintritt ins Regiment an und dehnte es auf fast zweiundzwanzig Monate aus. Seine ersten sechseinhalb Dienstjahre, November 1785 bis Mai 1792, umfaßten 79 Monate. Davon war er $31^1/_2$ Monate = 40% zum Dienst anwesend. Vor *Toulon* hat er bewiesen, welch gründliche Dienstkenntnis er in diesen zweieinhalb Jahren erworben hatte.

Als er im Mai 1792, nach Kriegsbeginn, von seinem dritten Heimaturlaub nach *Frankreich* zurückkehrte, würdigte er seine Garnison keines Besuches, sondern fuhr direkt nach *Paris* zum Antichambrieren – man mußte doch die politische Krise ausnutzen. In der Tat erlangte er die Entsendung als Artilleriekommandeur bei einem auf *Korsika* basierten Landungsunternehmen gegen *Sardinien*; es wurde sein unglücklicher erster Feldzug. Kurz darauf mußte er aus *Korsika* fliehen. Nach dieser Flucht, Ende Juni 1793, meldete er sich bei seinem damaligen Regiment und diente dann ununterbrochen bis April 1814.

Abgesehen von einem Parisaufenthalt 1787 – um die Weiterzahlung des Zuschusses zur Baumschule zu erwirken – verbrachte *Napoleon* seinen Urlaub stets zu Hause. Der Dienst im französischen Heer war für ihn nur Notbehelf; als Lebensaufgabe schwebte ihm eine

Rolle im öffentlichen Leben *Korsikas* vor, woran jedoch vor der französischen Revolution nicht zu denken war. Er betrachtete sich als Korse und haßte die Franzosen als Unterdrücker, wozu die Besatzungsregierung Anlaß bot. Ob er jemals wirklich Franzose wurde, ist eine Frage der Definition. Jedenfalls hat er nie korrekt Französisch gelernt; sein französischer Wortschatz enthielt unfreiwillige Witze wie die Verwechslung von amnistie (Amnestie) und armistice (Waffenstillstand). Die Hauptbedeutung der französischen Revolution lag für ihn zunächst darin, daß sie in seiner Heimat ein öffentliches Leben ermöglichte, an dem er sich beteiligen konnte. Seinen Heimaturlaub 1789–1790 benutzte er, um als jakobinischer Agitator die französischen Kolonialeinrichtungen zu stürzen. Voraussetzung einer festen politischen Stellung auf *Korsika* war Einvernehmen mit *Paoli*.

Als achtzehnjähriger Leutnant auf Heimaturlaub, im November 1787, begann *Napoleon* eine Geschichte *Korsikas* zu verfassen. *Paoli* war sein Held, und diesem Helden schrieb er am 12. Juni 1789 nach *London*:

»Zur Zeit meiner Geburt ging Korsika zugrunde. Dreißigtausend Franzosen überschwemmten unsere Küsten ... Mit der dreifachen Kette von Militär, Juristen und Steuereintreibern wurden wir gefesselt.«

Das Schülerhafte von *Napoleons* damaliger Gelehrsamkeit sprang ins Auge, und *Napoleons* Franzosenhaß war für *Paoli* überholt. Es war die erste Phase der französischen Revolution. Sie fand begeisterte Zustimmung beim europäischen Bürgertum und der aufgeklärten Fraktion des Adels. Die damaligen Repräsentanten der Revolution - *Lafayette, Mirabeau, Talleyrand* - waren verbürgerte Edelleute. *Paoli* erwartete die Aufhebung der französischen Kolonialherrschaft in *Korsika*. Die Insel werde ein Teil des freien *Frankreich*, auf dieser Grundlage werde er erneut ihre politische Führung übernehmen. Seit Herbst 1789 agitierte *Napoleon* selber in diesem Sinne. *Paoli* blieb dennoch zurückhaltend gegenüber »Carlos Söhnen«.

Seit Sommer 1790 war *Paoli* Militärgouverneur. Er war jedoch ein alter Mann, delegierte seine zivilen Aufgaben und leitete das öffentliche Leben *Korsikas* wie ein konstitutioneller Monarch - an langer Leine. Seine Anschauungen waren so sachgemäß, demokratisch und maßvoll, sein Verhalten gegenüber allen Mitbürgern so fair und das Vertrauen seiner Landsleute so unbedingt, daß sich seine Wünsche ohne Streit erfüllten. Jedoch fehlte in Provinzialverwaltung und Vertretungskörperschaften fast völlig die Generation zwischen ihm und *Napoleon*. *Napoleon* und dessen Altersgenossen waren zwanzig Jahre alt oder wenig älter. Sie ersetzten die Erfahrung, die ihnen fehlte, durch hemmungslosen Ehrgeiz und korsische Reizbarkeit. Zwar fehlten auf *Korsika* die sozialen Konflikte und weltgeschichtlichen Auseinandersetzungen der französischen Revolution. Aber die persönlichen Konflikte der Protagonisten waren nicht weniger dramatisch.

Anfang 1792 ging *Napoleon* an die Begründung einer privaten Militärmacht: Er kandidierte als zweiter Oberstleutnant (stellvertretender Kommandeur) des zweiten korsischen Freiwilligenbataillons. Es rekrutierte sich je zur Hälfte aus dem Südzipfel der

Insel (*Sartena, Bonifacio* und *Porto Vecchio*) und dem Gebiet von *Ajaccio*. Kandidat des Südzipfels war *Giovanni Battista Quenza*. Dagegen war das Wahlvolk von *Ajaccio* gespalten. Maßgebend war die Familie *Peraldi*: deren Kandidat war *Mattia Pozzo di Borgo* – die *Pozzo di Borgo* saßen in *Alato* (nördlich *Ajaccio*) als eine Honoratiorenfamilie zweiten Ranges. Der *Buonapartesche* Familienanhang war natürlich für *Napoleon*. Dieser tat sich mit *Quenza* zusammen. *Quenza* sollte erster, *Napoleon* zweiter Oberstleutnant werden. *Napoleon* war sicher, *Quenza* lenken zu können. Zu dem Clangegensatz kam der religiöse. *Napoleon* und seine Anhänger waren jakobinische Kirchengegner, die von den *Peraldi* geführte Bevölkerungsmehrheit der Stadt *Ajaccio* dagegen kirchentreu.

Kurz zuvor war Napoleons Onkel *Luciano* gestorben. Einen Teil des Schatzes aus dessen Bettstroh verwandte *Napoleon*, um einen Teil von *Quenzas* Anhängern und vor allem seine eigenen in der *Casa Buonaparte* zu *Ajaccio* zu beherbergen und zu verpflegen. Am Wahltag, dem 1. April 1792, füllten sie das Wahllokal, eine Kirche, wählten in tumultuarischem Verfahren *Quenza* und *Napoleon* und wollten den Gegenkandidaten lynchen. Das haben *Quenza* und *Napoleon* verhindert. Aber an den folgenden Tagen schossen sich ihre Leute mit der kirchentreuen Einwohnermehrheit von *Ajaccio* herum und verwundeten einen Geistlichen tödlich, ausgerechnet einen *Peraldi*.

Für *Quenza* war es nicht so schlimm. Er galt nicht als der Scharfmacher und genoß *Paolis* Vertrauen. Dagegen wurde *Napoleons* Stellung unmöglich. In *Ajaccio* hatte er die Kirche und die *Peraldi* gegen sich. Zudem war der ältere Bruder des Gegenkandidaten, *Carlo Andrea Pozzo di Borgo*, ein ungewöhnlich fähiger und energischer Politiker und *Paolis* namhaftester Vertrauensmann. Er ist 1796 mit *Paoli* nach *London* emigriert, trat 1802 in die russische Diplomatie ein und hatte dort ausgiebig Gelegenheit, dem Kaiser *Napoleon* zu schaden. 1814–1835 war er russischer Botschafter in *Paris*, abgesehen von einer hunderttägigen Unterbrechung 1815. Wenn *Stendhal* in seinem Roman *Lucien Leuwen* den russischen Botschafter erwähnt, meint er *Pozzo di Borgo*. Um einen Begriff von der gesellschaftlichen Stellung des Bankiers *François Leuwen* zu geben, führt er an, daß *Pozzo di Borgo Leuwens* Bälle besucht und dessen politische Witze verbreitet.

Im Frühjahr 1792 betrachtete *Napoleon* selber seine Stellung auf *Korsika* als unhaltbar. Er zog sich nach *Paris* zurück, kehrte zwar im Oktober nach *Korsika* zurück, jedoch mit einem militärischen, politisch unverfänglichen Auftrag.

Aus dieser Jugendtorheit hat *Napoleon* gelernt. Als sich ihm 1797–1799 die Diktatur über *Frankreich* bot, betrieb er seine Machtergreifung umsichtig und besonnen. Er nahm die Frucht erst, als sie reif war und er kaum mehr zu schütteln brauchte. Dann festigte er seine Macht durch rasche, umfassende, konsequent durchdachte, großzügige Reformen, durch die unerträgliche Mißstände abgestellt wurden. Insbesondere stellte er den Kirchenfrieden her. Kurz, er benahm sich nicht mehr wie ein ungestümer Korse. Hingegen hätte ihn sein Aprilputsch 1792 selbst in *Frankreich* unmöglich gemacht, da er versucht hatte, die französische Garnison aus der Zitadelle von *Ajaccio* zu verdrängen.

Dem Kriegsministerium in *Paris* war das bekannt. Dank des jakobinischen Umsturzes bekam er dennoch in *Frankreich* eine neue Chance.

Napoleons korsische Laufbahn endete endgültig durch eine zweite *Buonaparte*sche Jugendtorheit, und zwar seines jüngeren Bruders *Lucien*. Bei den provençalischen Jacobinern liefen hetzerische Anklagen gegen *Paolis* angebliche »Despotie« um. *Lucien* griff sie auf und riß den Jacobinerclub von *Toulon* dazu hin, *Paoli* beim Konvent in *Paris* zu denunzieren. Am 2. April 1792 tat der Konvent *Paoli* in die Acht.

Alle Verständigen, Anhänger wie Gegner *Paolis*, auf *Korsika* selber wie in *Paris*, waren entsetzt und suchten auf den Konvent einzuwirken. Auch *Napoleon* beteiligte sich an diesen Ausgleichsversuchen. Bei *Gregorovius* findet man *Napoleons* Eingabe in deutscher Übersetzung. Der Konvent ließ sich überzeugen und entsandte nach *Korsika* Bevollmächtigte, von denen zu erwarten war, daß sie jeder Verdächtigung *Paolis* entgegentreten würden. Doch diese Bevollmächtigten kamen nur bis *Marseille*. Sie wurden von den dortigen Jacobinern festgehalten. Auf *Korsika* selbst wurde die Aussöhnung hintertrieben von *Salicetti*, der sich als Konventsbevollmächtigter bereits dort befand. Seine und der Marseiller Unversöhnlichkeit entfesselten auf *Korsika* den Bürgerkrieg. Die Insel stellte sich hinter *Paoli*, nur die Hafenstädte *Bastia, Calvi* und *San Florenzo* ausgenommen; mit Ausnahme von *Calvi* waren sie genuesische Gründungen und hatten schon in früheren Konflikten zu der jeweiligen Kolonialmacht gehalten. Unter Leitung *Napoleons* und der Konventsbevollmächtigten wurde von See her ein Angriff auf

Ajaccio unternommen, mißlang aber. Der *Buonapartesche* Familienanhang war schwächer, als *Napoleon* immer noch glaubte. Die *Buonapartes* mußten fliehen.

Am 13. Juni 1793 landeten sie in *Toulon.* Außer ihrer beweglichen Habe, ihrem Haus- und Grundbesitz ließen sie das u ihrer ersten Namenssilbe zurück. Fortan waren sie Franzosen, *Bonapartes* und fürs erste Jacobiner. Übrigens war *Napoleons* Option für *Frankreich* nicht endgültig. Als er 1795 Schwierigkeiten in seinem dortigen Fortkommen fand, wollte er als militärischer Ratgeber – »Müsteschar« – in die *Türkei,* wie ein Halbjahrhundert später *Moltke.* Aber *Paris* ließ ihn nicht fort. Kurz darauf erhielt er das Oberkommando einer französischen Armee. Dann wurde Frankreich von ihm adoptiert.

Soweit die ehrgeizigen jungen Korsen nicht wie *Pozzo di Borgo* an *Paoli* gebunden waren, suchten sie im französischen Militär- und Verwaltungsdienst emporzukommen und bildeten eine zuverlässige Gefolgschaft *Napoleons,* insbesondere 1794–1797 in der *Armée de l'Italie* und 1798–1799 in *Ägypten.* Der Bedeutendste von ihnen war *Salicetti.* Er war zwölf Jahre älter als *Napoleon,* 1789 Abgeordneter zu den Etats Généraux und 1791–1792 procureur général syndic (Regierungspräsident) auf *Korsika* gewesen, wurde im Herbst 1792 in den Konvent gewählt und vertrat diesen als Kommissar nacheinander auf *Korsika,* vor *Toulon* und bei der Armée de l'Italie. Die gemeinsame Rivalität gegen *Paoli* führte ihn mit den *Buonapartes* zusammen. Im August 1794 dürfte er *Napoleon* das Leben gerettet haben. Denn auch *Augustin Robespierre, Maximilien Robespierres* jüngerer Bruder, war

Konventskommissar vor *Toulon* und bei der Armée de l'Italie gewesen, hatte eng mit *Napoleon* zusammengearbeitet und ihn dadurch den Thermidorianern verdächtig gemacht. Den Haftbefehl gegen *Napoleon* vom 6. August 1794 hat *Salicetti* mitunterzeichnet, aber anscheinend hat er verhindert, daß der Häftling nach *Paris* geschafft wurde, wo die Guillotine auf ihn wartete. *Napoleon* kam nur auf Festung nach *Fort Carré* bei *Antibes*. Die Untersuchung ergab nichts Belastendes, und nach zwölf Tagen kam *Napoleon* wieder frei.

Ein anderer für *Napoleons* Aufstieg wichtiger Korse war *Sebastiani*. Eine der wenigen Truppeneinheiten in *Paris* im November 1799 war das Dragonerregiment Nr. 9; dessen Kommandeur war *Sebastiani*. An der Spitze der neunten Dragoner ritt *Napoleon* am 18. Brumaire (9. November) zu den Tuilerien. 1813 lag die Führung der französischen Kavallerie zu einem erheblichen Teil in korsischen Händen: *Ornano* hatte die 1. Gardekavalleriedivision, *Sebastiani* das 2., *Arrighi* das 3. Kavalleriekorps. *Sebastianis* 2. Kavalleriekorps war derjenige Truppenteil, der am 26. August 1813 an der *Katzbach* hauptsächlich geschlagen wurde, was *Sebastiani* zehn Tage später bei *Görlitz* die vulgären Flüche seines Kriegsherrn eintrug. Unter *Louis Philippe* war *Sebastiani* Marschall, Außen- und Marineminister. *Daumier* hat ihn in Wachs modelliert, in *Stendhals Lucien Leuwen* ist er als Graf Beausobre vorgestellt. Noch heute begegnet man in der französischen Verwaltung und der Führung der Rechtsparteien den Trägern korsischer Namen, deren Vorfahren mit *Napoleon* emporgekommen sind, wie *Arrighi, Chiappe, Ornano*.

Übrigens hegte *Napoleon* seit seinem Scheitern Sommer 1793 Ressentiments gegen die Korsen. Außer einem durch Gegenwind erzwungenen kurzen Aufenthalt in *Ajaccio* im Oktober 1799, auf der Rückkehr aus *Ägypten*, hat er die Insel nicht wieder betreten und sie ebensowenig gefördert wie 1769–1789 die Bourbonen. Diejenigen Korsen, die unter ihm in *Italien* und *Ägypten* gedient oder sich sonst um ihn verdient gemacht hatten, begünstigte er, nahm aber keinen von ihnen in seine Umgebung, und

»für die Entwicklung Korsikas oder das Fortkommen einzelner Korsen tat er nichts. Oft habe ich ihn sagen hören, es gebe kein gewisseres Mittel, alle Korsen gegen sich aufzubringen, als einem von ihnen Gutes zu tun. Da er nicht allen geben konnte, gab er keinem.« (*Marmont*)

Toulon

Nach der Landung in *Toulon* bauten die *Bonapartes* rasch eine neue Existenz in *Frankreich* auf. Am einfachsten war das für *Napoleon*. Eine Abteilung seines Regiments stand in nächster Nähe, in *Nizza*. General *du Teil*, der dort kommandierte, kannte *Napoleon* als tüchtigen Offizier und wußte nichts von dessen korsischen Abenteuern. Er stellte *Napoleon* wieder ein, beförderte ihn – in deutscher Ausdrucksweise – zum Hauptmann (capitaine commandant = Batteriechef) und wollte ihn zur Küstenartillerie abordnen, übertrug ihm dann aber die Aufstellung einer Munitionskolonne in *Avignon* – auch in anderen Armeen werden neu ernannte Artillerie-Hauptleute und ältere Leutnants häufig als Kolonnenkommandeure verwendet. Napoleon erhielt 3000 Livres rückständigen Sold; was er auf *Korsika* als Oberstleutnant und Artilleriekommandeur bezogen hatte, wurde nicht angerechnet. – In *Avignon* geriet *Napoleon* mitten in den Bürgerkrieg.

Haupt der Familie war *Napoleons* älterer Bruder *Joseph*. Im Gegensatz zu *Napoleon* und *Lucien* hatte dieser mit niemandem Streit gehabt, seine Stellungen in Gemeinde-, Kreis und Departmentsverwaltung befriedigend ausgefüllt und erfreute sich festen Rückhalts im Konvent. Um ihn auszunutzen, eilte er nach *Paris*. Dort erhielt *Salicetti* den Auftrag, als Konventskommissar eine Militärexpedition zur Rückeroberung Korsikas zu leiten, und wählte Joseph als seinen Begleiter. Da sich eben zu dieser Zeit *Lyon, Toulon* und *Marseille* gegen den Konvent erhoben und die Südarmee zur Unterwerfung der Provençe aufgestellt wurde, verwandelte sich *Salicettis* Auftrag in eine Mission bei der Südarmee. Deren Kommissare ernannten Anfang September 1793 *Joseph* zum Kriegskommissar (commissaire ordonnateur) – in deutscher Amtssprache Intendant – mit 6000 Livres Jahresgehalt, Pferdefutter, Dienstwohnung und Bureau in *Marseille*.

Das Motiv für den Aufstand von *Lyon, Toulon* und *Marseille* lag in den Interessen des Handels. Mithin verfolgten die Jacobiner diejenigen Kaufleute, die sich nicht über See hatten retten können. Sie wurden in großer Zahl guillotiniert, mindestens verhaftet und mit hohen Geldstrafen belegt. Der Textil-Großkaufmann *François Clary*, der spätere Schwiegervater von Napoleons Bruder *Joseph*, entging dieser Verfolgung nur durch seinen Tod im Januar 1794. Aber vorher hatte einer seiner Söhne aus Angst vor Verhaftung Selbstmord begangen, einen anderen holte *Joseph Bonaparte* aus dem Gefängnis. Somit war *Joseph* als Freier willkommen, zumal er sich auch in *Marseille* nicht am Terror beteiligt hatte und seine Erwählte, *Julie Clary*, unscheinbar, bescheiden und mit ihren 22 Jahren nach damaligen Begriffen ein spätes Mädchen war. Die Hochzeit – sowohl zivile wie kirchliche Trauung – fand Anfang August 1794 statt, nach dem Thermidor-Staatsstreich, aber ehe er im Süden bekannt geworden war. *Josephs* Braut erhielt schätzungsweise 150 000 Livres Mitgift, und zwar nicht Assignaten, sondern Sachwerte, die in der Firma steckten. *Josephs* Kommissarstelle ging Anfang 1795 ein. Er war darauf nicht mehr angewiesen, sondern ließ sich in *Genua* nieder und trieb dort Außenstände seines verstorbenen Schwiegervaters ein.

Lucien, das enfant terrible, das die *Buonapartesche* Katastrophe auf *Korsika* ausgelöst hatte, war damals achtzehn Jahre alt, machte sich jedoch bei Bewerbungen sieben Jahre älter vermittels der Papiere seines Bruders *Joseph*. Zeit seines Lebens blieb er undiszipliniert, eigensinnig, unfähig zu stetiger Arbeit, unberechenbar, impulsiv, ungeeignet für leitende Stellungen, wie sie seinen Brüdern zufielen. Immerhin verschaffte ihm sein Ruf als »Patriot« wenigstens einen Subalternposten als Magazinwächter mit 1200 Livres Jahresgehalt in *St. Maximin*, 40 Kilometer nördlich von *Toulon*. Wie der württembergische General *v. Scheler* 1812 beobachtete, waren die französischen garde magazins

»Leute, welche zu den geringem, aber wichtigen Diensten der Fassungen, der Beischaffung und des Nachspürens gebraucht werden ..., Gewandtheit, Übung und Tätigkeit in ihren Geschäften haben, übrigens aber mitunter etwas derb sind und auch nach äußerer Autorität gewählt sein sollten, um da nicht verkürzt zu werden, wo man nur durch persönlichen Nachdruck etwas erhalten kann.«

Lucien hetzte und denunzierte auch in *St. Maximin*. Nach dem Thermidor 1794 kamen die von ihm Verfolgten obenauf, und er mußte sich entfernen. Die Rache holte ihn ein, aber seine älteren Brüder halfen ihm aus dem Gefängnis.

Unmittelbar vor dem Thermidor hat auch er geheiratet, und zwar in eine Gastwirtsfamilie, was ihm die Familien-Acht eintrug. Seine Braut, *Cathérine Boyer* (er nannte sie *Christine*, wie er auch seine Schwestern umnannte), konnte weder lesen noch schreiben, aber seine jüngeren Schwestern waren ja auch schwach in diesen Künsten. *Cathérine-Christine* war jedenfalls gescheit und anziehend, erwies sich ihrer späteren Stellung gewachsen und wurde daher am Ende von der Familie *Bonaparte* akzeptiert. Die Ehe war sehr gut, endete aber durch *Cathérines* frühen Tod 1800.

Laetitia mit den drei Töchtern und den beiden jüngsten Söhnen hatte zunächst wechselnden Wohnsitz in Dörfern nördlich von *Toulon*. Anfang September 1793 kam sie nach *Marseille* und wurde in einer Emigrantenwohnung einquartiert. Im Juli hatte der Konvent auf *Josephs* Veranlassung 600 000 Livres für die korsischen Flüchtlinge bewilligt. Bei *Josephs* praktischem und Familiensinn darf man annehmen, daß etwas davon der Familie *Bonaparte* zugute kam, ferner daß

Joseph ihr auch Lebensmittel zuwandte – wichtig, denn Assignaten hatten nur noch ein Drittel ihres Nennwerts.

Das Versagen der Heeresverpflegung war später eine Hauptursache für *Napoleons* Untergang. Es ist nicht merkwürdig, daß seine Brüder in diesem Dienstzweig anfingen: Er bot Gelegenheit, sich zu bereichern.

Als sich die *Marseiller* »Föderierten« Anfang Juli 1793 gegen den Konvent erhoben, entsandten sie ein Heer von beträchtlicher Mannschaftsstärke nach Norden, um den Lyonern die Hand zu reichen. Doch schon in *Avignon* wurde es von der weit schwächeren jakobinischen »Südarmee« zur Umkehr veranlaßt. Diese folgte rasch, besetzte *Marseille* und stand am 7. September vor *Toulon*.

Bei den damaligen französischen Armeen waren maßgebend die Konventskommissare. Sie traten paarweise auf. Um sich bei den Konventskommissaren der Südarmee als zuverlässiger »Patriot« auszuweisen, verfaßte *Napoleon* eine jakobinische Flugschrift, das *Gastmahl von Beaucatre*. Zu diesem Gastmahl vereinigt sich ein jakobinischer Offizier mit Geschäftsleuten aus *Nimes, Marseille* und *Montpellier*. Mit Braten und Wein sucht er ihnen auch die Überzeugung von der Unwiderstehlichkeit der jakobinischen Waffen einzuflößen. *Napoleon* ließ diesen Dialog auf eigene Kosten drucken und überreichte ihn als jakobinische Beglaubigung dem Konventskommissar *Rovere*.

Dies wird allerdings von *Guillemin* (*Napoléon tel quel*) mit einem einleuchtenden Beweisgrund bestritten:

»Das heißt ihn schlecht kennen! So vergeudet er seine Mittel nicht. Diese loyale Publikation mag der Staat bezahlen. Der ist dazu da, die Familie Bonaparte zu erhalten – das war allezeit ihr Credo.«

Beweis: *Napoleons* Erinnerung auf *St. Helena:*

»Rovere fand die Schrift sehr gut und ließ sie drucken.«

Guillemin übersieht allerdings: Erst die zweite Auflage, bei *Marc Aurel* in *Valence*, ist auf Staatskosten gedruckt, die erste hingegen auf Kosten *Napoleons* bei *Sabin Tournel* in *Avignon.* Sie erfüllte *Napoleons* Zweck, Wohlgefallen bei den Konventskommissaren zu erregen.

Von Juli bis September 1793 durchzog *Napoleon* die Provençe, requirierte mit Hilfe der Kommunal- und Departementsbehörden Zugtiere und Fahrzeuge, führte der Südarmee, vielleicht auch der Armée de l'Italie Munition zu. Die Kenntnis der Etappe, die er dadurch erwarb, kam ihn bald darauf als Artilleriekommandeur vor *Toulon* zustatten. Ehrgeizige Offiziere befriedigt der Etappendienst nicht. Daher ist begreiflich, daß *Napoleon* seine Versetzung zur Rheinarmee als Oberstleutnant beantragte.

Am 16. September passierte er mit seiner Kolonne *Beausset.* Dort lag das Oberkommando der Südarmee. Diese hatte eine Woche zuvor bei der Einschließung von *Toulon* ihren Artilleriekommandeur durch Verwundung verloren. Die beim Oberkommando befindlichen Konventionskommissare, der Berufsoffizier *Gaspartin* und *Napoleons* Gönner *Salicetti*, waren erfreut, daß ein gesunder Artillerieoffizier auftauchte. Sie hielten *Napoleon* fest und machten ihn zum vorläufigen Artilleriekommandeur. Sechs Festungsgeschütze nebst Geschützführern und Kanonieren waren vorhanden, *Napoleon* jedoch der einzige Offizier der Festungsartillerie. Die Truppe, womit er eine der stärksten damaligen Festungen nehmen sollte, mußte erst aufgestellt werden.

Auch abgesehen von deren Fehlen war seine Aufgabe nicht einfach. Die Armee war eine Herrenpartie, keine organisierte Truppe. Der Kommandierende, General *Carteaux*, war Porträt- und Schlachtenmaler, dann Offizier der Pariser Nationalgarde und Adjutant bei *Lafayette* gewesen und glaubte, *Toulon* ohne systematische Beschießung mit dem Bajonett nehmen zu können. Sein Verpflegungsstab requirierte Munitionswagen nebst Bespannung und Fahrern für den Verpflegungsdienst, natürlich ohne den Artilleriekommandeur zu benachrichtigen. Das war verständlich. Denn sowohl der Verpflegungstrain wie Fahrzeuge, Bespannungen und Fahrer der Artillerie wurden von Fuhrunternehmern gestellt. Die bisherigen Zivilisten im Armee-Oberkommando bedachten nicht, daß an die Fahrer und Gespanne bei der Artillerie weit höhere Anforderungen gestellt wurden als beim Train – sie mußten notfalls über Stock und *Stein* fahren, Geschütze und Munitionswagen bis in die Feuerstellung ziehen – kurz, daß die Artillerie eine kämpfende Waffe ist, und daß deshalb Artilleriegespanne und Fahrzeuge nicht für den Train beansprucht werden durften.

Auch sonst gab es Meinungsverschiedenheiten. Die Festungswerke waren gemauert und boten wohlvorbereitete, zweckmäßig ausgesuchte Stellungen, die dem Verteidiger bei sonst gleichen Bedingungen die Überlegenheit über den Angreifer sicherten, zumal die

Festungsartilleristen die Entfernung kannten; General *Carteaux* glaubte jedoch, die Belagerungswissenschaft auf den Kopf stellen zu können.

»Eines Tages nahm er Bonaparte mit auf eine Anhöhe und schlug ihm vor, eine Batterie zu erbauen, die alle drei Westforts von *Toulon* zugleich beschießen könne. *Napoleon* stellte ihm vor, man müsse vielmehr gegen jedes einzelne Fort drei oder vier Batterien aufstellen, die es flankierend angriffen, daß aber eine einzelne, in die Erde gegrabene Batterie ohnmächtig sei gegen wohlvorbereitete, gemauerte Festungsbatterien und innerhalb einer Viertelstunde zusammengeschossen würde. Carteaux bestand auf seinem Befehl, aber Bonaparte erbaute die Batterie nicht.« (*Chuquet*)

General *Carteaux* und sein Stab waren gereifte Männer und nahmen keine Belehrungen von einem vierundzwanzigjährigen jungen Mann an. Dieser erlitt einen seiner wenigen Anfälle von Bescheidenheit und beantragte, unter Zustimmung der Konventskommissare, die Entsendung eines Artilleriegenerals mit der nötigen Autorität gegen den inneren Feind.

Das Kriegsministerium sah das auch ein und übertrug einem älteren Regimentskameraden *Napoleons*, dem General *La Salle*, die Belagerung von *Toulon*, adressierte dessen Bestallung jedoch verkehrt. *La Salle* kam erst an, als sein Stellvertreter *Toulon* genommen hatte. Überhaupt verstanden Wohlfahrtsausschuß und Ministerium die Bedeutung *Toulons* und das Ausmaß der gegen einen so bedeutenden Platz erforderlichen Streitkräfte. *Carteaux* war gegen solche Einsicht immun, wurde aber zur Armée de l'Italie versetzt. Mitte November 1793 bekam die Belagerungsarmee einen tüchtigen Oberkommandierenden, *Dugommier*, dessen Autorität den Artilleriekommandeur stützte. Über

30 000 Mann wurden in Bewegung gesetzt, darunter zuverlässige, reguläre Infanterieregimenter, Pioniere und Artilleristen aller Dienstgrade sowie Geschütze und sonstiger Belagerungsbedarf. Doch infolge der unvorstellbaren Desorganisation konnte die Zentralregierung bei weitem nicht das Nötige an Material aufbringen.

Normalerweise werden dem Kommandeur eines Belagerungskorps Truppen, Geschütze und Material gestellt; er braucht nur zu kämpfen. Hingegen mußte *Napoleon* vieles selbst beschaffen. So kurz seine wirkliche Dienstzeit gewesen war, so hatte sie ihn doch mit dem in Südostfrankreich vorhandenen artilleristischen Personal bekannt gemacht. Daher konnte er Artilleristen heranziehen, die nicht emigriert, aber aus irgendwelchen Gründen nicht im Dienst waren, beispielsweise den Major *Gassendi*. Im Sommer war er selber ambulanter Kolonnenchef gewesen. Nunmehr entsandte er *Gassendi* als Kolonnenchef nach Grenoble, Briançon und noch weiter zwecks Beschaffung von Gewehrteilen und anderem Kriegsbedarf. Auch wußte er, in welchen Festungen, Küstenbatterien, Arsenalen Geschütze standen und wo Munition zu finden war. Faschinen und Schanzkörbe ließ er von Kommunalverwaltungen liefern.

Als nach und nach Artilleristen, Pferde, Geschütze und sonstiges Material herankamen, mußte daraus eine Truppe werden. *Napoleon* leistete das, indem er sie einsetzte und führte. Tags kämpfte er, nachts erledigte er den Schriftverkehr. Im Dezember standen unter seinem Befehl 64 Geschütze in elf Batterien im Feuer gegen *Toulon*. Dreimal beteiligte er sich an Infanterieangriffen, das letzte Mal an dem entscheidenden Sturm auf die englische Redoute »Mulgrave« in der Nacht auf den 17. Dezember.

Südwestlich von *Toulon* springt die Halbinsel *Caire* nach Osten vor und verengt die Ausfahrt aus der Bucht. Von ihr aus konnte Artillerie der englischen Flotte den Zugang zum Hafen sperren. Schon vor *Napoleons* Ankunft hatten die Konventskommissare erkannt, daß dort der schwache Punkt *Toulons* lag. *Napoleon* leitete den Angriff auf die Halbinsel ein, indem er schon am 19. September, drei Tage nach seiner Ankunft, mit seiner ersten Batterie das Feuer eröffnete und die englischen Schiffe aus dem Westbecken der Bucht vertrieb. Nach drei weiteren Tagen gingen 400 Mann Infanterie vor, um die Halbinsel zu besetzen. Die Engländer wurden rechtzeitig aufmerksam. Sie landeten Verstärkungen. Da *Carteaux* seine schwache Infanterie nicht unterstützte, vermochten sie sich einzugraben und auf dem höchsten Punkt der Halbinsel die Redoute *»Mulgrave«* zu errichten. Sie verstärkten sie mit allen Mitteln der Befestigungskunst und armierten sie mit 32 Geschützen. Ein Vierteljahr lang mußte *Napoleon* die Stellung belagern, deren Besetzung den Franzosen am 22. September durch die Indolenz des Kommandierenden mißlungen war.

Die Verteidiger von Sperrfestungen lassen sich einschließen und behaupten den ihnen anvertrauten Platz bis zur Erschöpfung aller Mittel des Widerstands. *Napoleon* als einziger auf beiden Seiten bemerkte, daß dies für *Toulon* nicht galt. Denn es war keine Sperrfestung, sondern ein Kriegshafen und verlor diese Funktion, sobald die Einfahrt gesperrt wurde. Dann hatte die Besatzung – 12 000 Spanier und Neapolitaner, 2000 Engländer, 800 französische Royalisten – nur noch eine Aufgabe: schleunigen Abzug. *Napoleon* prophezeite, von der Besetzung der Halbinsel *Caire* bis zum Fall von *Toulon* würde es nur achtundvierzig Stunden dauern. Man glaubte ihm nicht, aber tatsächlich nahmen die Franzosen die Halbinsel *Caire* am Morgen des 17. Dezember, und am Vormittag des 19. drangen sie unaufgehalten in *Toulon* ein. Die Verteidiger hatten sich auf der Außenreede eingeschifft.

Gefahr drohte ihnen nicht nur von den französischen Sperrbatterien, sondern auch vom Sturm auf See. Daher nahmen sie sich nicht die Zeit, die Geschütze der Festung unbrauchbar zu machen, und von den 27 französischen Linienschiffen im Hafen schleppten sie drei heraus, zerstörten neun, ließen aber 15 zurück, mit denen die französische Flotte 1796 die Seeherrschaft im Mittelmeer errang, allerdings nur bis zur Schlacht bei *Abukir*.

Der Artillerist nimmt die Festung, der Infanterist hilft ihm dabei. Nach diesem Lehrsatz wurde dem Major *Bonaparte* das Hauptverdienst zuerkannt, und er wurde zum Brigadegeneral befördert. Nun fehlte ihm nur noch das Oberkommando einer Armee.

Revolution, Krieg und Geschäft

Die für den Verlauf der Revolution maßgebenden Geschäftsinteressen bestimmten auch das Verhalten *Napoleons*. 1792 hatte die Führung bei der Gironde-Partei gelegen. Sie hatte unter *Roland* das erste parlamentarische Kabinett gebildet und den Krieg begonnen.

Im amerikanischen Unabhängigkeitskrieg war es *Frankreich* gelungen, dem britischen Handel und der britischen Seemacht schwere Schläge zu versetzen: Man wollte weiter schlagen. Ferner stand fest, man werde den Krieg nach amerikanischem Vorbild ohne Steuern finanzieren, und zwar durch die Kontributionen besetzter Gebiete: Man wollte Belgien einnehmen.

Dieses Programm war leicht erdacht, aber der Girondegeneral *Dumouriez* wurde aus *Belgien* schneller herausgeworfen, als er hineingegangen war, und der Krieg schädigte weniger den englischen als den französischen Handel. Die französische Kriegsflotte war durch die Emigration zahlreicher Offiziere und die Desertion der Mannschaft desorganisiert, die französischen Küsten wurden wirksam blockiert, auch die Landesgrenzen mit Ausnahme derjenigen nach der *Schweiz* wurden gesperrt, den hinter den Girondisten stehenden Geschäftskreisen drohte der Ruin: dem Exporthandel, den Exportindustrien - die *Lyoner* Seidenindustrie lag nahezu still –, der Schiffahrt. Daher forderte deren Partei, die »Gironde«, 1793 Frieden um jeden Preis; sie war bereit, den König und die Emigranten zurückzuholen, sie ging zur Konterrevolution über, Gironde und Royalisten einigten sich. Am 31. März 1793 bemächtigte sich die jakobinische »Berg«-Partei vermittels eines wohlgeleiteten Straßenaufstandes der Kontrolle über den Konvent, schloß 27 führende Girondisten aus und verschaffte sich durch diesen Gewaltstreich die Konventsmehrheit. Darauf erhoben sich das ganze Rhonetal von *Lyon* bis *Marseille* und die Hafenstädte der *Provence* gegen den Konvent, *Toulon* ließ die Engländer ein. Das war die

Krise, in welche die Familie *Bonaparte* aus *Korsika* hineinfloh.

Indessen waren die wendigeren französischen Geschäftsleute auf das Geschäft ihres Lebens verfallen. Mangels zahlungsfähiger besetzter Gebiete finanzierte *Frankreich*, nach amerikanischem Vorbild, seinen Krieg durch die Notenpresse, und zwar druckte es, wie *Mephistopheles* im *Faust*, Anweisungen auf illiquide Werte: zwar nicht gerade auf vergrabene Schätze, sondern auf Nationalgüter, das heißt den beschlagnahmten Grundbesitz von Kirche und Emigranten. Ein gewandter Kaufmann konnte also mit »Assignaten«-Geld »Nationalgüter« kaufen, ehe es sich weiter entwertete. Dies geschah in riesigem Umfang. Kehrten Monarchie und Emigranten zurück, so wären ihnen die »Nationalgüter« – nur den ehemaligen Kirchenbesitz ausgenommen – ohne Entschädigung der bürgerlichen Käufer zurückgegeben worden. Die Erwerber von Nationalgütern waren also an der Revolution interessiert. Die Mehrheit der französischen Geschäftswelt kam rasch auf den Geschmack an billig erworbenem Grundbesitz, wechselte also von der Gironde zu den Jakobinern.

Deren Aufgabe war eine verzweifelte: Das Heer befand sich in voller Auflösung. Fast alle Truppenoffiziere der Infanterie und Kavallerie waren emigriert, zum Teil mitten im Feldzug zum Feind übergegangen, ebenso ein großer Teil der Artillerie-, Pionier- und Generalstabsoffiziere. Die Disziplin der regulären Truppen war gelockert, bei den neu aufgestellten Freiwilligen-Formationen war von Disziplin überhaupt keine Rede. *Bretagne, Vendée, Provence, Rhonetal* befanden sich in offenem Aufstand, in weiteren Gebieten, beispielsweise in *Bordeaux*, konnte er jede Stunde ausbrechen. Die Truppen der Koalition – Preußen, Österreicher, Engländer, Piemontesen – brauchten nur nach *Paris* zu marschieren. Zum Glück für die Revolution verbrachten sie ihre Zeit damit, einige Festungen zu belagern, die von tüchtigen Kommandanten und einer revolutionär gesinnten Besatzung hartnäckig verteidigt wurden.

Außer der Armee, die nicht im offenen Felde standhalten konnte, besaß die Revolution nur eine leidlich sichere Stütze: die bewaffneten Bauern und die »Sansculotten«. Die Bauern hatten ihre Fronverpflichtungen aufgekündigt, das mit Fronden belastete Bauernland in freies, bäuerliches Eigen verwandelt, die ehemaligen Herren verjagt und vielfach nicht nur die Feudalurkunden, sondern auch gleich die Schlösser und Klöster verbrannt. Sie waren gewillt, bis zur letzten Sense für die blutig errungene Freiheit zu kämpfen. Nur war ihre militärische Reichweite beschränkt: Über ihr Departement hinaus konnte man sie nicht führen.

Beweglicher waren die Sansculotten, das heißt die kleinen Leute in der Stadt. Sie waren es hauptsächlich gewesen, deren Straßenaufstände das – vom Bauernaufstand bankrott gemachte – Feudalregime gestürzt und der Geschäftswelt (»bourgeoisie«) die politische Macht verschafft hatten. In den Großstädten wie *Paris* organisierten sie sich in Bezirksräten und begannen, durch diese Vertretungen Verwaltung und politische Macht auszuüben. Materiell hatten sie aber beim Umsturz nichts gewonnen, im Gegenteil. Die galoppierende Assignateninflation bedeutete für sie den Hunger.

Dennoch oder deswegen konnte der jakobinische Konvent unbedingt auf die Sansculotten rechnen, mußte aber ihre zwei Hauptforderungen bewilligen: Höchstpreise für Getreide und Getreiderequisitionen durch die Sansculottenmiliz, die »Revolutionsarmee«. Beides war der Geschäftswelt, auch der jakobinischen, tief zuwider, denn sie glaubte fest an die »Marktwirtschaft«. Vierzig Jahre später hatte sie dafür den ehrlichen Ausdruck »Bereichert euch!« (»Enrichissez-vous!«). Aber wichtiger als die Markt- und Preisfreiheit war ihr die Verteidigung der Revolution, und so schluckten die Jakobiner die Kröte. Sie nahmen Höchstpreise, Getreiderequisition, Revolutions-Armee und *Robespierres* Massen-Guillotinierungen in Kauf.

Jedoch nur bis Ende 1793. Denn noch vor Neujahr 1794 war die Revolution konsolidiert. Die Tatenlosigkeit der Koalitionsheere hatte den Führern der Revolutionsheere Zeit gelassen, aus den Trümmern der alten, regulären Truppen und den Freiwilligenmilizen eine disziplinierte, schlagfähige, den Gegnern innerlich überlegene neue Streitmacht zu schmieden. Die Schlacht bei *Hondschoote* am 8. September 1793 bezeichnete den Umschwung. Wie nachmals bei *Auerstädt* war *Scharnhorst* der letzte auf dem Schlachtfeld, mit seiner reitenden Batterie deckte er den Rückzug. Kurz darauf begann der Angriff auf *Toulon*, bei Jahresende waren Rhonetal und *Toulon* »befriedet«, nur der *Vendée*-Aufstand fraß weiter, aber zur Offensive waren die konterrevolutionären Bauern der *Vendée* ebenso außerstande wie die revolutionären Bauern des übrigen *Frankreich*. Der Sansculotte hatte seine Schuldigkeit getan und konnte gehen. Auch waren Guillotine und Tugendhaftigkeit auf die Dauer unerträglich.

Robespierre wußte dies sehr wohl. Er wollte die Siege benutzen, um den Frieden wiederherzustellen und damit die Guillotine überflüssig zu machen. Er wollte die Republik, aber im Gegensatz zu den Grundstücks- und Kriegsgewinnlern, die den Kern seiner Partei bildeten, eine »tugendhafte« Republik ohne Korruption und Kriegsgewinnler. Er sah ganz richtig, aus dem Krieg werde die Militärdiktatur hervorgehen. Durch den Friedensschluß hoffte er, eine so überwältigende Volkstümlichkeit zu gewinnen, daß er das revolutionäre *Frankreich* ungestört organisieren könne.

Dem mußte man zuvorkommen, und zwar rasch. Die hinter den Jakobinern stehenden Geschäftskreise liebten das Grundstücksgeschäft mit Assignaten, die fette Weide der Heereslieferungen und die nun endlich – dank des Vormarschs in *Belgien* – beginnende Ausplünderung der besetzten Gebiete: daher der Staatsstreich vom 9. Thermidor (28. Juli) 1794, der Sturz *Robespierres*.

Dieser war selbst schuld an seinem Sturz. In gutbürgerlicher Ungeduld hatte er die Sansculotten außer Gefecht gesetzt, als er ihrer nicht mehr zu bedürfen glaubte: erst hatte er die aus ihrer Mitte hervorgegangenen konsequent demokratischen Führer, die »Enragés«, guillotinieren lassen oder sonst unschädlich gemacht, dann hatte er die gutbürgerlichen, aber wider ihren Willen von den hungernden Sansculotten zu radikalem Auftreten gezwungenen Führer der Pariser revolutionären Stadtverwaltung (»Commune«) – *Chaumette*, *Hébert* und deren Parteigänger - aufs Schafott geschickt und die sansculottische Revolutionsarmee aufgelöst. Die gutbürgerliche Pariser Nationalgarde bot *Robespierre* keinen Rückhalt. Er stürzte am 9. Thermidor und schien *Napoleon* in den Tod nachzuziehen.

Artilleriekommandeur der Armée de l'Italie

Anfang Januar 1794 erhielt *Napoleon* das Artilleriekommando der Armée de l'Italie nebst dem Auftrag, einen Feldzugsplan für diese Armee auszuarbeiten. Ihr nächster Gegner war *Piemont*. Dessen Interesse lief die Teilnahme am Krieg zuwider.

Im Vertrauen auf energische Kriegführung war es 1799 dem monarchischen Kreuzzug gegen die Revolution beigetreten. Aber die Voraussetzung blieb unerfüllt. *Piemont* verlor seine Provinzen westlich des Alpenkamms, *Savoyen* und *Nizza*. Deren Rückeroberung war unmöglich. Allerdings kam auch der französische Angreifer nicht weiter. Denn die Paßstraßen über die Seealpen waren für Artillerie nicht fahrbar und von Oktober bis Mai ständig, von Mai bis Oktober häufig zugeschneit. Jenseits stand die piemontesische Armee in zentraler Stellung bei *Turin*, bereit, über jeden Angreifer herzufallen, der etwa durch eines der Quertäler in die Ebene herabstieg. In jedem Tal konnte sie sich auf Sperrforts stützen und hatte die Österreicher hinter sich.

Wie *Napoleon* nachwies, gab es nur eine sinnvolle Angriffsrichtung: über den *Cadibona-Paß*, den niedrigsten Apenninenpaß. Er führt von *Savona* zur östlichen *Bormida* bei *Cairo* und *Dego*. Die Paßstraße war in leidlichem Zustand und rasch für Feldartillerie fahrbar herzurichten. Bei *Dego* stand der rechte Flügel der Österreicher. Deren rückwärtige Verbindungen verliefen nordöstlich zur *Lombardei*, diejenigen der Piemontesen divergierend nordwestlich nach *Turin*. Vor einem Angriff auf *Dego* würden die Österreicher nordöstlich ausweichen und ihre Hauptmacht sich etwa bei *Acqui* sammeln. Das gebe dem Angreifer Zeit, sich links zu wenden und die Piemontesen abzufertigen. Deren Kriegsmüdigkeit war bekannt; man würde mit ihnen Waffenstillstand schließen. Dann kämen die Österreicher dran.

Nach verschiedenen Verzögerungen, unter anderem durch *Napoleons* Haft, trat die Armée de l'Italie am 17. September 1794 an und zwang durch das erste Gefecht bei *Dego* am 21. September den österreichischen rechten Flügel programmgemäß zum Rückzug auf *Acqui*. Vorerst durfte sie indes nicht auf der von *Napoleon* vorgezeichneten Siegesbahn fortschreiten, sondern mußte zurück an die *Riviera*. Denn die maßgebende Stimme im Kriegsrat hatte der Konventskommissar *Albitte*. Er war nach dem Thermidor gekommen, hatte *Napoleons* Verhaftung durchgesetzt und verstand dessen Strategie nicht. Daß der sichere Sieg verschenkt wurde, und daß *Napoleon* dessen Urheber gewesen sein würde, war schon damals eine in der Armée de l'Italie verbreitete Überzeugung.

Die Provence, und mithin die französische Südostarmee, war auf die Einfuhr von Getreide und anderen Lebensmitteln aus Oberitalien angewiesen. Der Transport ging zu Land nach Genua und von dort zur See. Dort kreuzte die englische Flotte. Aber flachgehenden Küstenfahrzeugen konnte sie nichts anhaben. Diese segelten oder ruderten nachts; tags lagen sie in einer Bucht unter dem Schutz der von *Napoleon* aufgestellten Küstenbatterien.

Im Juli 1795 übernahm Kommodore *Nelson* das Kommando der *Riviera*-Blockade und wollte Ernst machen. Er verfügte über das Linienschiff »Agamemnon«, dessen Kommandant er war, sowie sechs Fregatten. Da mindestens drei Linienschiffe nötig waren, um die Küstenbatterien einer Bucht niederzukämpfen, beantragte er die Unterstellung zweier weiterer Linienschiffe. Ferner wünschte er flachgehende Kanonenboote, um die Küstenfahrer aufzubringen; solche Kanonenboote hatten die verbündeten Königreiche *Neapel* und *Sardinien*. Der Geschwaderchef wies diese übel angebrachte Initiative ab. Admiral *Hotham* war mit der Blockade des französischen *Toulon*-Geschwaders beauftragt. Davon dürfe er sich nicht durch Nebenbeschäftigungen ablenken lassen. *Nelson* hat das stets für einen verhängnisvollen Fehler gehalten. Er war überzeugt, er würde *Napoleons* italienischen Feldzug 1796 verhindert haben, wenn man ihn losgelassen hätte.

Dies leuchtet ein. Die Römerstraße an der *Riviera* war verfallen. Das Gebirge tritt nahe an die Küste heran, Fahrstraßen über längere Strecken fehlten. Infolgedessen waren die Franzosen sogar für den Marsch ihrer Truppen, insbesondere der Artillerie, auf den Seeweg angewiesen. Mangels brauchbarer Straßen für seinen Aufmarsch hat *Napoleon* seinen Aprilfeldzug 1796 fast ohne Feldartillerie durchführen müssen, hauptsächlich mit einigen Geschützen, die von Maultieren getragen wurden und die er stück- und tageweise den Infanteriedivisionen zuteilte. Einen Teil des Belagerungstrains gegen *Mantua* hat *Nelson* 1796 auf See abgefangen – *Napoleon* fand Ersatz in den Festungen *Modena* und *Ferrara*. Die lagen auch näher an *Mantua*.

Napoleons Gesamtauffassung war denkbar großzügig. Der Hauptgegner sei *Österreich*. Dieses müsse man niederwerfen; die französischen Hauptstreitkräfte müßten durch Süddeutschland nach *Wien* vordringen. Die Nebenkriegsschauplätze müsse man möglichst aussparen. *Spanien* sei kein ernstzunehmender Gegner. Daher seien die Hauptstreitkräfte aus der Pyrenäenarmee zu verstärken. Die Streitkräfte gegen *Piemont* könnten halbiert werden, wenn man angreife. Derzeit stünden die französische Alpen- und Italienarmee in einem Halbkreis vom *Kleinen St. Bernhard* bis *Savona* um *Piemont* herum, auf jedem Punkt einem überlegenen Angriff von *Turin* her ausgesetzt. Greife man seinerseits *Piemont* an, so komme man gegen dieses mit der halben Streitmacht aus. Der Angriff auf *Piemont* bilde eine höchst wirksame Diversion, denn dadurch werde *Österreich* in *Italien* angegriffen und müsse seine dortigen Streitkräfte verstärken. Der französische Angriff dürfe sich nicht durch einen Nebenangriff in Mittel- und Süditalien zersplittern; diese Zersplitterung schwäche unvermeidlich den Angriff durch Norditalien auf *Österreich*. Vielmehr müsse nach seiner Überzeugung die Armée de l'Italie ihre Kräfte zusammenhalten und südlich der Alpen gleichfalls auf *Wien* marschieren. Eine Strategie von neuartiger Konsequenz und Großzügigkeit: die napoleonische.

Von Januar 1794 bis April 1795 hatte *Napoleon* sein Stabsquartier in Château Sallé, einer Sommervilla bei *Antibes*, bezog monatlich 1300 Livres Sold und Aufwandsentschädigung sowie vor allem eine Anzahl Rationen, so daß er seine Adjutanten zu Tisch laden sowie seine Familie ernähren und unterbringen konnte: fünf heranwachsende Kinder, die guten Appetit hatten.

Paris Juni 1795–März 1796

Wie berichtet, hatte am 22. September 1794 das Votum *Albittes* verhindert, daß *Napoleons* Offensivplan gegen *Piemont* durchgeführt wurde. Das und seine strategische Auffassung haben ihn veranlaßt, sich auf den Hauptkriegsschauplatz in *Deutschland* zu melden, wo solche Behinderungen von oben weniger zu befürchten waren. Statt dessen wurde er durch Befehl vom 29. März 1795 als Kommandeur einer Infanteriebrigade zur Westarmee in die *Bretagne* versetzt. Ein Vierteljahr später folgte ein weiterer Affront: Er wurde von einem Artillerie- zum Infanteriegeneral degradiert.

Er war von vornherein entschlossen, keinesfalls zur Westarmee zu gehen. Denn sie kämpfte gegen die royalistischen Aufständischen der *Bretagne* und *Vendée*. Bei einem politischen Umschwung konnte es mißlich sein, Franzosenblut vergossen zu haben. Zudem war der Oberkommandierende im Westen, *Hoche*, als erfolgreicher Jakobinergeneral bekannt. Ihm fiel der

Ruhm für die Leistungen seiner Untergebenen zu, anders als unter *Dugommier* vor *Toulon*.

Die damaligen französischen Artillerie- und ähnlich die Pionier-(»Genie«)-Offiziere bildeten einen Orden, der mit Verachtung auf die Infanterie- und Kavallerieoffiziere herabsah, als auf Tagediebe ohne ernstzunehmende Ausbildung. *Napoleon* wurde im Artillerieregiment Nr. 2 als Major geführt, der zeitweilig als Brigadegeneral zur Italien- bzw. Westarmee abkommandiert war. Sein Adjutant *Marmont* wurde seit 1796 im reitenden Artillerieregiment Nr. 1 als Oberst geführt, der zeitweilig als Adjutant des Oberkommandierenden zur Armée de l'Italie kommandiert war. Die Umwandlung in einen Infanteristen wurde vom Orden als ehrenrührig betrachtet. *Napoleon* dachte damals auch so. Später hat er darüber gelacht: »Kümmern wir uns nicht um die Artilleristen! Das sind Querköpfe.« Er wartete also zunächst einmal die Ankunft seines Nachfolgers ab und verkaufte seine Equipage. Dann reiste er im Mai höchst gemächlich nach *Paris*, begleitet von seinen Adjutanten *Junot* und *Marmont*. Zwei Tage lang machte man bei *Marmonts* Eltern in *Chatillon sur Seine* Station - nicht gerade der nächste Weg. Auf anderen Etappen besichtigte *Napoleon* Nationalgüter, die zum Verkauf standen. Eines davon empfahl er seinem Bruder *Joseph*, um 60 000 Livres von der Mitgift von dessen Frau anzulegen; ein anderes faßte er für sich selbst ins Auge. Geld spielte keine Rolle; Barzahlung wurde nicht verlangt. Endlich, einen Monat nach Erhalt des Versetzungsbefehls, kam er an, zwar nicht bei der Westarmee in *Rennes*, aber wenigstens in *Paris*.

Die oberste Heeresleitung lag beim Wohlfahrtsausschuß. Um ihm die Allgewalt zu nehmen, die er vor dem Thermidorputsch besessen hatte, war bestimmt, daß alle Vierteljahre ein Drittel seiner fünfzehn Mitglieder ausgewechselt wurde; auch die Geschäfte wurden also alle Vierteljahre neu verteilt. Infolgedessen war im Juni *François Aubry* und von September ab *Letourneur* für *Napoleon* zuständig: beide gediente Offiziere der königlichen Armee und älter als *Napoleon, Aubry* Artillerist, *Letourneur* Pionier. Beide durchschauten *Napoleon* als widerspenstigen Untergebenen und Intriganten, seine scheinbar linke Richtung paßte ihnen nicht. *Aubry* war zwanzig Jahre älter als *Napoleon* und hatte es nur bis zum Hauptmann gebracht. Daß ein so viel jüngerer Offizier bereits General war, verdroß ihn. Er hielt *Napoleon* dessen Jugend vor und erhielt die berühmte Antwort: »Auf Schlachtfeldern altert man rasch, und da komme ich her.« *Aubry* degradierte den auf Schlachtfeldern gealterten *Napoleon* zum Infanteristen und hielt *Napoleons* Kommandierung zur Westarmee aufrecht.

Dieser meldete sich krank und blieb in *Paris* mit einem Sold von monatlich 1000 Livres. Da ein Pfund Zucker und ein Liter Olivenöl je 100 Livres in Assignaten kosteten, kann man sich ausrechnen, daß mit diesem Sold nicht weit zu kommen war. Wesentlich war aber, daß *Napoleon* täglich sechs Rationen erhielt. Alle Zeugen aus dieser Zeit schildern *Napoleons* Kleidung als schäbig, aber das galt ausnahmslos für die ganze Armee. *Ouvrard* verhalf *Napoleon* zu einem Bezugschein für Uniformstoff, so daß er sich eine anständige Uniform schneidern lassen konnte.

Aus *Napoleons* ungepflegtem Äußeren hat die bonapartistische Legende gemacht, er habe sich im äußersten Elend herumgedrückt. Indessen sandte er zweimal größere Summen an die Familie und versuchte, Nationalgüter zu kaufen. Von einer Versteigerung berichtete er *Joseph*, er habe 1,5 Millionen (Assignaten) bieten wollen, aber das Objekt sei auf drei Millionen getrieben worden. *Marmont* berichtet in seinen Memoiren, er habe sich von seinem General getrennt und sei zur Rheinarmee gegangen, »denn ich hatte keinen Sinn für die Geschäfte«. Ob ihn *Napoleon* hatte, läßt sich nicht beurteilen. Man hört nur von mißglückten Geschäften, aber er schickte Geld nach Hause.

Erfolglos war er insbesondere in dem Geschäftszweig, dem er schon als Unterleutnant in *Auxonne* obgelegen hatte, der Mitgiftjagd. Dort hatte er sich um diejenige der *Manesca Pillet* bemüht, im Sommer 1795 um diejenige von Madame *Permon*, der Witwe eines kurz zuvor verstorbenen Heereslieferanten. Sie hätte seine Mutter sein können; ihre Tochter heiratete bald darauf *Napoleons* Adjutanten *Junot*. Daneben lief immer noch die nie abgebrochene, aber auch nicht förmlich ausgesprochene Bemühung um *Josephs* Schwägerin *Désirée Clary*. Madame *Clary* schätzte *Joseph* als Schwiegersohn, fand aber, ein *Bonaparte* in der Familie sei genug. Aus Liebe zu heiraten, hat *Napoleon* immer für den Gipfel der Torheit gehalten, beging aber bald darauf selbst diese Torheit, wenn auch in der Einbildung, die Witwe *Beauharnais* besitze die Mitgift, deren Gerücht sie ausgesprengt hatte; zu seiner Enttäuschung waren nur Schulden da.

Erfolglos blieb auch *Napoleons* Versuch zur Auswanderung als artilleristischer »Müsteschar« in die Türkei. *Aubry* und *Letourneur* mißtrauten ihm, wollten aber einen so tüchtigen Offizier auch nicht fortlassen.

Im Sommer 1795 war im Wohlfahrtsausschuß zuständig *Doulcet de Pontécoulant*. Diesem Ausschußmitglied leuchteten *Napoleons* strategische Auffassungen ein. Zwar hob er dessen Kommandierung zur Westarmee nicht auf, beschäftigte ihn aber ungeachtet seiner Krankmeldung im topographischen Bureau, das als Operationsabteilung diente. Dort verfaßte *Napoleon* mehrere Denkschriften, in denen er seine Auffassungen über die Operationen in *Italien* weiter entwickelte. Zum Teil sind diese Denkschriften wörtlich in die Weisungen an die Armée de l'Italie übergegangen. Als *Letourneur* im September die Geschäfte übernahm, verlor er die Geduld. Am 15. September wurden auf seine Veranlassung 61 meist linksverdächtige Generäle kassiert, darunter auch *Napoleon*.

Wie nach seinem Scheitern auf *Korsika* 1793 kam auch diesmal *Napoleons* Aufstieg durch eine jähe Wendung der französischen Revolution, diesmal allerdings bereits der Gegenrevolution.

General Vendémiaire

Anfang Oktober 1795 fielen zwei politische Ereignisse zusammen: die Bildung des Direktoriums und ein royalistischer Aufstand. Es galt die Verfassung von 1795. Ihr lag die Verfassung von 1793 zugrunde, in der schon das gleiche Prinzip der »direkten Demokratie« verwirklicht war wie in der russischen Sowjetverfassung von 1917: Die Souveränität lag bei Ortsräten, die von allen erwachsenen Männern gewählt waren, öffentlich verhandelten, von ihren Wählern jederzeit abberufen und neu gewählt werden konnten. Nach dem Thermidor war zwar das Wahlrecht auf die vermögende »Bourgeoisie« beschränkt worden, aber die extreme Dezentralisierung war geblieben, und Zentralregierung wie Kommunalverwaltung blieben gelähmt durch das Fehlen ausreichender Steuern.

Die dadurch verursachte Schwäche der staatlichen Ordnung zog nach sich eine Serie von Putschen 1795–1799, in denen die Fraktionen der thermidorianischen Jakobiner miteinander um die Macht kämpften. Im Vendémiaire 1795 wurde die gerade an der Macht befindliche Fraktion von *Napoleon* verteidigt, im Brumaire 1799 machte er sich zum Diktator und löste dann die Aufgaben, die von dem thermidorianischen »Direktorium« unerledigt gelassen worden waren. Dabei blieb der Terror, milderte sich jedoch, denn die bürgerliche Klassenherrschaft stabilisierte sich.

Den finanziellen Fehlbetrag deckte die Zentralregierung durch Notendruck. Die Inflation trifft stets am härtesten die arbeitenden Klassen in der Stadt. Die Sansculotten waren seit März 1794 entwaffnet und konnten sich nicht wehren. Doch auch das kleine bürgerliche Eigentum darbte: daher dessen royalistische Wendung. Der Royalismus der Pariser Klein- und Mittelbürger hatte mit dem feudalen Emigrantenroyalismus des Londoner Bourbonenhofes nur eines gemein: den jakobinischen Gegner. Ihr Interessengegensatz wurde den bürgerlichen und feudalen Royalisten indes erst 1844 klar, nach der Rückkehr der Bourbonen.

Hauptinflationsgeschädigte »Bourgeois« waren die Rentiers. Natürlich gingen nicht sie auf die Straße, sondern die wohlhabendere oder ehemals wohlhabendere Jugend (»jeunesse dorée«), wie in *Deutschland* 1919–1923 die Zeitfreiwilligen. Jedenfalls wünschten die gutbürgerlichen *Pariser* Stadtbezirke, deren Nationalgarde sich Anfang Oktober (»Vendémiaire«) 1795 gegen den Konvent erhob, ein konservatives Regime. Die Raupe Konvent war ihrerseits gerade dabei, sich in die Puppe Direktorialverfassung zu verwandeln, mit einem fünfköpfigen, rotierenden Präsidenten der Republik (»Direktorium«) und zwei gleichfalls rotierenden Parlamenten (»Conseils«) der Alten bzw. der Fünfhundert.

Auf welche Seite sollte *Napoleon* setzen? Das große Geld, mit dem er gesellschaftlich und geschäftlich verbunden war, stand unverändert hinter dem Konvent, hinter dem Aufstand nur das kleine, notleidende. Auch kontrollierte der Konvent den Staatsapparat, insbesondere die bewaffnete Macht, und *Napoleon* hatte Zugang zu dem damaligen Führer des Konvents, *Barras*.

Barras und *Napoleon* kannten einander von *Toulon* her. Bei der Belagerungsarmee befanden sich zwei Zwillingspaare von Konventskommissaren: im Hauptquartier *Ollioules* vor *Toulon Salicetti* und *Gasparin*, in dem Hauptetappenplatz *Marseille Barras* und *Fréron*. Angesichts des Vendémiaire-Aufstandes zeigte sich *Barras* als der entschlossenste Abgeordnete; der Konvent übertrug ihm das Kommando über die Truppen in *Paris. Barras* wußte, daß er der Aufgabe nicht gewachsen war, und machte zu seinem Stellvertreter, das heißt zum wirklichen Kommandeur »den kleinen Korsen, der kein Federlesen machen wird«. In der Nacht auf den 5. Oktober schaffte der Kavallerieoberst *Murat* Artillerie heran, und als die Aufständischen am 5. Oktober von der Rue St. Honoré gegen die Tuilerien vorrückten, kartätschte der kleine Korse sie nieder.

Der Konvent verwandelte sich in die beiden neuen Parlamente. Diese wählten *Barras* in das Direktorium; dessen Führung fiel ihm für drei Jahre zu. Nach der neuen Verfassung durfte kein Direktoriumsmitglied ein militärisches Kommando ausüben. Also übertrug man *Napoleon* auch formell das Oberkommando und ernannte ihn zum Divisionsgeneral, dem damals höchsten militärischen Rang – den Marschallsrang hat erst *Napoleon* als Kaiser 1804 wieder hergestellt.

Wie *Napoleon* es geschafft hat, zum richtigen Zeitpunkt, am 4. Oktober, an *Barras* heranzukommen, ist nicht bekannt; die Legenden darüber darf man übergehen. Zufall kann es nicht gewesen sein, denn er schnüffelte in den maßgebenden Salons und Behörden herum.

Treffpunkte des großen Geldes und der politisch Maßgebenden waren die Salons *Tallien, Récamier, Staël, Beauharnais. Josephine* war *Barras'* Titulargeliebte, *Barras* »König des Direktoriums«: daher stand Ende 1795 ihr Salon an der Spitze. Sie makelte zwischen Heereslieferanten und Behördenchefs; zu *Napoleons* Verdruß nahm sie diese Tätigkeit 1800, unter dem Konsulat, wieder auf. Mithin machten ihr Heereslieferanten die luxuriösesten Geschenke. *Napoleon* als Parvenü hielt diese Pracht für echtes *Louis Seize*. Die Lieferanten schrieben die Geschenke ab, sandten jedoch pro forma Rechnungen über phantastische Beträge: das waren *Josephines* Schulden. An Nachrechnen oder gar Bezahlen dachte sie nicht; es mahnte auch niemand.

»Zwischen Barras, Bonaparte, Tallien usw. und den Damen Beauharnais, Tallien, Hamelin und anderen bestand eine enge Verbindung mit dem Doppelzweck, Geschäfte zu vermitteln und sich zu amüsieren,» (*Larevellière*)

insbesondere Libertinage. Abgelegte Geliebte delegierte *Barras* in das Bett von Partnern, die er dadurch noch enger binden, kontrollieren oder, wie er prahlte, zu den Kosten verurteilen wollte. *Larevellière* und – wie man jetzt weiß – *Guillemin* sind auf seine Flunkerei hereingefallen.

Seit dem Vendémiaire war *Napoleon* ein Hauptbesucher des Salons *Beauharnais* und

»verliebte sich in Madame de Beauharnais in des Wortes verwegenster Bedeutung. Offensichtlich war dies seine erste Liebe, und er gab sich ihr mit seiner ganzen Energie hin. Er war siebenundzwanzig Jahre alt, sie zweiunddreißig und nicht mehr in der ersten Blüte ...

Schon als er noch den Republikaner spielte, war er vom Adelsvorurteil befangen. Ich verstehe das – ich denke selbst so ... Bei vornehmer Geburt setzt man gute Erziehung voraus ... Daß er sich aber durch diese Verbindung gehoben fühlte, verrät vor allem seine Unkenntnis der französischen Gesellschaft vor der Revolution. Durch diese Heirat glaubte er einen größeren gesellschaftlichen Schritt aufwärts zu machen als sechzehn Jahre später durch die Heirat mit einer Kaisertochter.«

»dachte er ständig an seine Frau, begehrte sie, erwartete sie mit Ungeduld – sie selber kostete lieber in Paris seine Triumphe aus ... Zu mir sprach er oft von ihr mit der Glut und den Illusionen eines Jünglings ...

Ihr Bild trug er ständig bei sich. Eines Tages, in Tortona, zerbrach das Glas des Rahmens. Er erblich, seine Züge verrieten den heftigsten Schmerz, und er sagte: Marmont, meine Frau ist entweder sehr krank oder untreu ...

Als sie endlich in Mailand ankam, lebte er nur für sie ... Nie hat eine reinere, wahrere, ausschließlichere Liebe das Herz eines Mannes beherrscht.« (*Marmont*)

Als *Napoleon* um *Josephine* warb, mißfiel er ihr ebenso wie ihren Vorgängerinnen. Auch schien ihr ihre gesellschaftliche Stellung keiner Verbesserung bedürftig. Aber diesmal ließ er sich nicht abweisen, sondern schickte als Werber *Barras* selber vor. Anders als *Josephine*, die in Wirklichkeit erst elf Jahre nach ihrer Heirat, 1791, also mitten im Niedergang, an den Bourbonenhof gekommen war, hatte *Barras* ihm noch in seinen Glanzzeiten angehört und wußte, daß man solche Talmidamen nicht heiratet. Seinen Geschäfts- und Bettprinzipien gemäß begrüßte er *Napoleons* Heiratsplan und gewann *Josephine* dafür. Die Braut schrieb einer Freundin:

»*Barras* verspricht: wenn ich den General heirate, verschafft er ihm den Oberbefehl der Armée de l'Italie.«

Das Jahresgehalt eines Armee-Oberbefehlshabers betrug 48 000 Frs, also monatlich 4000. Gleichwohl überwies *Napoleon* in den ersten Novembertagen bereits das Hundertfache eines Monatsgehaltes, 400 000 Frs, an seinen Bruder *Joseph* und erläuterte brieflich, für die Familie sei gesorgt, er habe »Geld (das heißt Edelmetall-Münzen), Assignaten und so weiter« geschickt, einen guten Bekannten zum Generalzahlmeister gemacht, und noch mehr solche erfreulichen Geschäftsnachrichten.

Die Herkunft dieser 400 000 Frs ist, wie viele andere Einzelheiten von *Napoleons* Geschäften, ungewiß. Viele Möglichkeiten bestehen. Eine besonders einleuchtende wurzelt in der damaligen »gespaltenen Währung«. Die öffentlichen Kassen konnten vollwertiges Metallgeld und entwertete Assignaten zum Nominalwert zahlen und annehmen. War ausnahmsweise Metallgeld in der Kasse, so konnte es der Verfügungsberechtigte tauschen und Assignaten gleichen Betrages in die Kasse legen. Es kann sich auch um Geschenke von Heereslieferanten oder irgend etwas anderes gehandelt haben. Nur Unterschlagung kommt nicht in Frage.

Denn von Anbeginn legte *Napoleon* Wert auf streng korrekte Kassenführung, wenn auch nur zum Schein. *Stendhal*, der napoleonischer Beamter gewesen war, schrieb später im *Lucien Leuwen* über das Weiterleben der von *Napoleon* begründeten Verwaltungsmethoden:

»Ein bedauernswerter Ehrenmann, der sich als Innenminister mit nützlicher und ehrlich gemeinter Arbeit beschäftigt hätte, wäre für einen Esel gehalten worden; die ganze Kammer hätte ihn verlacht. Man mußte sich ein Vermögen erwerben, nicht etwa durch gemeine Unterschlagung; aber jedenfalls mußte man sich die Taschen stopfen, um die allgemeine Wertschätzung zu genießen.«

Das war schon unter *Napoleon* so, nur verlangte dieser, im Gegensatz zu *Louis Philippe*, substantielle Leistungen von seinen Ministern, lediglich den Polizeiminister ausgenommen, der, wie noch heute mancher Geheimdienstchef, auch von bloßer Spiegelfechterei leben konnte.

Siegeslauf in Italien

»Der Marschall Gouvion St. Cyr sagte im September 1813 zu Napoleon, er betrachte den ersten Feldzug in Italien noch immer als dessen strategisches Meisterstück. Auch der Kaiser hielt ihn wegen der geringen Mittel, die ihm damals zur Verfügung standen, für seinen schönsten Feldzug.

Man hat das Jahr 1805 (Ulm und Austerlitz)... als das Geburtsjahr des modernen großen Krieges bezeichnet. Mit demselben Recht kann man das Jahr 1796 als das Geburtsjahr des modernen Vernichtungskrieges bezeichnen. Wer sich mit der Tätigkeit des damals sechsundzwanzigjährigen Generals beschäftigt, wird gefesselt durch die Ursprünglichkeit und Unmittelbarkeit der Gedanken, durch die Frische der Handlung.« (*Kuhl*)

In der Fachliteratur waren die militärischen Neuerungen der französischen Revolution bereits seit mehr als einem Jahrzehnt vorbereitet, aber in die Praxis umgesetzt wurden sie durch den sozialen Umsturz. Die Massenaufgebote revolutionärer Bürger wurden anfänglich unausgebildet vor den Feind geführt. Auch später blieb für den »Linear«-Drill keine Zeit. Also fochten sie in Bataillonskolonnen, das heißt Linien zu drei Gliedern, normal mit 180 bis 270 Mann Frontbreite, im hinhaltenden Gefecht auch in Schützenlinien. Deren Bedeutung wird durch die »Tirailleur«-Legende übertrieben. Massenwirksam war das Gewehrfeuer nur gebündelt, durch die Kartätschwirkung von Bataillons- oder Pelotonsalven. Denn das damalige Infanteriegewehr, die glatte »Muskete«, war wenig wirksam: Es trug nicht weit, traf schlecht und war umständlich zu laden. Die gezogene »Flinte« (fusil, rifle) der leichten Infanterie (»Füsiliere« und »Jäger«) traf zwar besser, war aber noch zeitraubender zu laden. Nicht nur im Gefecht waren die neuen Bataillone beweglicher, sondern auch auf dem Marsch. Das ermöglichte kleinen Verbänden wie der Armée de l'Italie, die selten stärker war als 40 000 Mann, eine bis dahin ungekannte Vervielfachung ihrer Wirkung durch raschen Ortswechsel. Die österreichische Heeresleitung wollte umgehen und verteilte die überlegenen Kräfte, die sie zum Entsatz von *Mantua* aufbot, jedesmal auf zwei oder gar drei getrennt heranmarschierende Armeekorps. *Napoleon* konzentrierte seine Hauptmacht erst gegen das eine, dann gegen das oder die anderen. Auf dem Gefechtsfeld hatte er in der Regel die Übermacht und siegte. Gleichzeitig unterlagen in Süddeutschland die französischen Hauptheere und mußten über den Rhein zurück. Um so tieferen Eindruck machten *Napoleons* Siege, zumal sie rasch aufeinander folgten.

Auch finanziell machte dieser Feldzug Epoche durch seinen Nettogewinn. Die Hauptheere der französischen Republik standen seit 1794 überwiegend in Feindesland – *Belgien*, den *Niederlanden*, *West-* und *Süddeutschland*. Sie erhoben von den besetzten Gebieten weit mehr an Requisitionen und Kontributionen, als sie verbrauchten, aber der Überschuß wurde von Kommandeuren, Verwaltungsbeamten und Lieferanten veruntreut, nach *Paris* gelangte nichts. In *Italien* bereicherte sich gleichfalls dieser »Schwarm von Geiern« (*Larevellière*), doch von den 120 Millionen Livres (in Silber gerechnet), die *Napoleon* dort 1796 bis 1797 erhob, zahlte er 50 Millionen an das Direktorium, sandte ihm auch Sachwerte. Was er selber einsteckte, ging ebenfalls nicht verloren, sondern erfüllte einen historischen Zweck:

»Ohne die Millionen, die Napoleon in Italien gestohlen hat, wäre er nie vorwärtsgekommen.« (*Stendhal*)

Das Land hatte natürlich weit mehr aufzubringen: Lebensmittelrequisitionen, Lieferungen zur Neueinkleidung der Truppen, Quartiergewährung, Vorspann, im April und Mai 1796 auch Plünderung, später nur noch ausnahmsweise.

Grundsätzlich konnte *Napoleon* Plündern eigentlich nicht dulden. Es stört die Ordnung auf dem Kriegsschauplatz und löst die Disziplin. Indes waren die Verhältnisse stärker. Die Truppen des rechten Flügels hatten am 14. April *Dego* genommen, die Verteidiger überwiegend gefangengenommen, den Rest nach Norden getrieben. Die Truppe fühlte sich sicher und löste sich plündernd auf, die militärische Ordnung brach zusammen. Am anderen Morgen wurden die Sieger von einer frischen österreichischen Abteilung überfallen und herausgeworfen; sie mußten *Dego* durch erneuten Angriff wieder nehmen. Ein ganzer Tag ging damit verloren.

Auf dem linken Flügel wiederholte sich das am 19. April noch krasser. Die Division *Sérurier* hatte *San Michele* an der Corsaglia genommen. Offensichtlich war das Gefecht noch nicht beendet, dennoch zerstreute sich die Truppe plündernd im Ort und wurde alsbald durch einen piemontesischen Gegenstoß herausgeworfen; sie griff nicht nochmals an.

Die Verpflegung war zurückgeblieben. Die Transportmittel waren ganz ungenügend und die Intendanturbeamten gleichgültig. Es fehlte an allem: Der Abmarsch einiger Truppenteile von der *Riviera* hatte sich verzögert, weil sie erst Gewehre empfingen. Bei wenig über 40 000 Kombattanten fehlten noch mehrere tausend Gewehre. Ganze Regimenter gingen barfuß, die Uniformen waren abgerissen. Reiterei, Feldartillerie und Train waren im Winter 1795/1796 wegen Futtermangels in die Provence zurück verlegt worden, hatten viele Pferde verloren und waren erst wieder im Anmarsch. Das Plündern war Folge quälenden Hungers. Selbst ein Führer von *Napoleons* starkem, mitleidlosen Willen war dagegen ohnmächtig und mußte am 16. und 22. April Ruhetage gewähren.

Man befand sich noch im Gebirge, auf dessen halbverschneiter Nordseite, in einem armen Land, für das die Verwüstung zur Katastrophe wurde. Ehrenhafte Offiziere wie der Divisionskommandeur *Laharpe* und mehrere Regimentskommandeure verzweifelten und forderten ihre Entlassung.

Wegen der Entblößung der Armee vom Nötigsten hatte *Napoleons* Vorgänger *Schérer* die Offensive für unmöglich erklärt. Umgekehrt meinte *Napoleon*, gerade deshalb gebe es keine andere Möglichkeit. Nur durch Vormarsch in die reiche Ebene Oberitaliens sei dem Mangel abzuhelfen. Allerdings durfte es für *Napoleon* das Wort »unmöglich« nicht geben.

»Sein Selbstvertrauen und das grenzenlose Vertrauen, das er anderen einflößte, verliehen seinen Worten und Handlungen eine Wirkung und Bestimmtheit, die alle mitriß. Er schien beim Erwachen jeden Morgen einen neuen Horizont vor sich zu sehen. Statt über das zu staunen, was er bereits geleistet hatte, schrieb er aus Verona an das Direktorium, es solle ihm Verstärkungen schicken. Dann würde er durch Tirol marschieren und der Österreichischen Armee am Rhein in den Rücken fallen.

Ich war verblüfft, als er mir das diktierte. So etwas ausdrücklich zu formulieren, schien mir geradezu Wahnsinn. Aber so war er in seiner ganzen Laufbahn. Um die Hindernisse zu überwinden, mißachtete er sie zunächst. Aber indem er sie mißachtete, häufte er eine solche Masse auf sein Haupt, daß sie ihn schließlich erdrückte.« (*Marmont*)

Den piemontesischen Unterhändlern gestand *Napoleon* nach Abschluß des Waffenstillstands, er habe das Plündern seiner Soldaten nicht bestrafen können, sondern sich mit der Erschießung eines Mannes begnügen müssen, der einer Frau Gewalt angetan hatte. *Marmont* gibt an, bei der Plünderung von *Pavia* Ende Mai seien solche Greuel unterblieben.

Dafür, daß *Napoleon* dem Direktorium die Offensive ohne vorherige ausreichende Ausrüstung und Versorgung der Armée de l'Italie versprach, hat *Guillemin* die schöne Formel, *Napoleon* habe sich als Oberkommandierender im Sonderangebot verkauft.

Seinen Proklamationen zufolge kam *Napoleon* als Befreier *Italiens.* Zu ihrem Unglück verstanden das nicht alle *Italiener.* Die Bewohner von *Pavia* und Umgegend erhoben sich gegen ihre »Befreier«. Um solche Aufstände künftig zu verhindern, wollte *Napoleon* Schrecken verbreiten und gab *Pavia* zur Plünderung frei.

»Der Steuereinnehmer wollte die Plünderer ablenken und warf zu diesem Zweck Geld auf die Straße. Natürlich zog er sie dadurch erst recht auf sein Haus ... General Bonaparte beauftragte mich, das Geld aufzusammeln ... Um Verdacht zu vermeiden, ließ ich mich von Offizieren begleiten ... und lieferte das Geld korrekt ab ... Später warf er mir vor, daß ich es nicht behalten hätte ..., er habe mich bereichern wollen« (*Marmont*),

das heißt korrumpieren und mitschuldig machen.

Gérard Walters *Napoleon*-Chronologie (in *Godechot, Napoléon*) zählt für 1796-1798 nicht nur *Napoleons* Gefechte, Schlachten, Republikgründungen, Waffenstillstands- und Friedensschlüsse auf, sondern auch seine Geldkontributionen, Sachrequisitionen und Strafmaßnahmen wie die Plünderung von *Pavia,* die Erschießung von Aufständischen sowie von Beamten, die für die Ermordung französischer Soldaten verantwortlich gemacht wurden, oder in *Ägypten* das regelmäßige Köpfen Eingeborener. Gewürzt wird die trockene Aufzählung durch Zitate aus *Napoleons* amtlicher Korrespondenz mit Vorgesetzten (Direktorium) und Untergebenen sowie der privaten Korrespondenz mit *Josephine* und *Talleyrand,* z. B.:

»Jeden Tag lasse ich in den Straßen von *Kairo* fünf bis sechs Leute köpfen. Bisher sind wir schonend verfahren ... , aber jetzt muß der Ton eingeführt werden, den das Volk versteht. Es gehorcht nur, wenn es Angst hat.« (An *Menou,* 31. Juli 1798)

Oder der Glückwunsch an *Talleyrand* zu dessen Ernennung als Außenminister:

»Ihre Wahl ehrt die Regierung. Sie erkennt in Ihnen große Talente, reinen Bürgersinn und Freiheit von den Ausschreitungen, welche die Revolution entehrt haben.« (16. August 1797)

Talleyrand hatte zuvor angedeutet, daß er in *Napoleon* den kommenden Mann sah. Ebenso diskret verkaufte er allerdings elfeinhalb Jahre später, Januar-Februar 1809, militärische Informationen an *Österreich:* Sein letzter Zweifel an *Napoleons* Selbstzerstörung war behoben, und *Napoleon* hatte ihn durch Beschimpfung (»Kot in einem Seidenstrumpf») und Schikane (Entzug der Würde als Großkammerherr mit 40 000 Franc Gehalt; *Talleyrand* blieben nur noch kümmerliche 450 000 Frs aus Hofwürden) gereizt. *Napoleons* Staatsstreich und Untergang antizipierte er um je zwei bis fünf Jahre.

Die leitenden Politiker *Frankreichs* wußten sehr wohl, welche Gefahr ihnen von siegreichen Generälen drohte. Daher unterhielten sie auf den Hauptkriegsschauplätzen je zwei Armeen: in *West-* und *Süddeutschland* links die Armée de Sambre et Meuse, rechts die Armée de Rhin et Moselle, gegen *Piemont* links die Alpenarmee (1796 unter *Kellermann*), rechts die Armée de l'Italie. Entsprechend befahl das Direktorium, das heißt *Carnot*, nach dem Sieg über *Piemont*, die Alpenarmee solle links den Angriff auf *Österreich* fortsetzen, die Armée de l'Italie dagegen rechts abmarschieren, um Mittel- und Süditalien zu unterwerfen und zu brandschatzen – die Operation, vor der *Napoleon* 1794 mit Recht gewarnt hatte. Zu politischen Entscheidungen wurde ausschließlich *Salicetti* bevollmächtigt.

Daraus wurde nichts. Denn *Napoleon* bot seinen Rücktritt an und erzwang dadurch die Unterstellung der Alpenarmee unter sein Kommando; *Kellermann* tröstete er mit einer silbernen Million. Er faßte gemäß seinem Operationsplan von 1794–1795 alle Kräfte gegen den Hauptgegner *Österreich* zusammen und beschränkte die an Geld und anderen Vorteilen ergiebigen Abstecher nach *Mittelitalien* auf die Operationspausen im Juni 1796 und Februar 1797, die ihm die Österreicher gewährten. Für zehn Monate blieb die Alpenarmee seine einzige Verstärkung. Zu weiteren sah sich das Direktorium infolge der Niederlagen in *Süddeutschland* außerstande: Erst im März 1797 sandte es der Armée de l'Italie die Division *Bernadotte* nach.

Salicetti blieb zunächst als Direktoriumskommissar bei der Armée de l'Italie, war jedoch nur noch für die Verpflegung zuständig, und auch das nicht lange. Geschäftlich arbeitete er zu beiderseitigem Vorteil mit *Napoleon* zusammen, aber noch gestern war er der Vorgesetzte gewesen: Daher ließ sich eine gewisse Spannung kaum vermeiden. So war es erwünscht, daß *Spanien* an *Frankreichs* Seite in den Krieg trat und die Engländer ihre Mittelmeerstützpunkte räumten, insbesondere *Korsika. Salicetti* richtete dort die französische Verwaltung ein. *Napoleon* seinerseits gründete Republiken, schloß Waffenstillstände und Friedensverträge – im Februar 1797 in *Tolentino* mit dem Papst, im April 1797 in *Leoben* mit dem Kaiser. Das Direktorium hatte ihn nicht ermächtigt und mußte sich doch den vollendeten Tatsachen beugen.

Nach den Niederlagen 1796 in *Deutschland* hatte das Direktorium Friedensgespräche angebahnt. Es wollte durch territoriale Zugeständnisse in *Italien* die Rheingrenze erkaufen, und zwar durch Rückgabe der *Lombardei*. Das hätte *Napoleons* dortiges Proconsulat aufgehoben. Sein kühner Vormarsch März–April 1797 durch *Friaul* und *Kärnten* bis in die Steiermark gewährte ihm den Vorteil, *Österreich* mit dem venezianischen Gebiet östlich der Etsch - *Venezien, Friaul, Istrien, Dalmatien* – zu entschädigen. Zuvor annektierte *Napoleon Venetien*, trieb Kontributionen ein und trat es dann an *Österreich* ab. *Josephines* Kennzeichnung traf in *Venetien* und auch anderwärts in *Italien* zu: Jeden Tag »stellte er das Haus auf den Kopf«. Als erster Konsul und Kaiser verfuhr er in *Deutschland* auch so.

Napoleons Vermögen

»Bonapartes erster Italienfeldzug hat den Luxus begründet, der unsere Armee korrumpierte. Durch Prachtentfaltung und Habgier wurden unsere Generäle nicht nur für die besetzten Gebiete, sondern auch für ihre französischen Mitbürger zu unverschämten Satrapen, und zugleich gegenüber dem Spender der Ehren und Reichtümer zu feilen Sklaven ... Man stahl schamlos und trug den aufreizenden Luxus zur Schau, den er von seiner Umgebung verlangte. Mit durchsichtiger Charlatanerie kleidete er selbst sich desto einfacher ... Wohin er kam, brachte er Unterdrückung und Beraubung. Die Verschwendung mit den Hilfsmitteln Frankreichs stieg auf den Gipfel. Die Korruption durchdrang auch die ganze Militär- und Zivilverwaltung ... Ein Schwarm Geier fiel über Italien her, voran die Mitglieder seiner Familie.« (*Larevellière*)

Als Mitglied des Direktoriums suchte *Larevellière* dem Übel zu steuern, unterstellte jeden kommandierenden General im Felde der Finanzkontrolle eines

Zivilkommissars und ließ den Oberkommandierenden in *Rom*, *Championnet*, wegen seiner Räubereien verhaften – kein Wunder, daß *Larevellière* selbst beim nächsten Staatsstreich (30. Prairial = 18. Juni 1799) hinausflog.

Woher stammten *Napoleons* Millionen, und wie viele waren es? Wie erwähnt, gab es bei ihm keine Unterschlagung, in den Akten sollte nichts Belastendes stehen. Aber im Frühjahr und Sommer 1796, teilweise sogar noch ein Jahr später, gab es in *Italien* Neutrale: den König von *Sardinien-Piemont*, die Herzöge von *Parma* und *Modena*, die *Signoria* von Venedig; sie zahlten Schutzgelder, die durch keinen offiziellen Kanal flossen. Die Million für *Kellermann* im Mai 1796 mag aus *Piemont* gekommen sein. Falls sie aus der *Lombardei* stammte, war sie vor der Entrichtung eines Tributs an die Armeekasse abgezweigt. Das geschah beispielsweise im April 1797 mit den 1,2 Millionen Livres Kontribution, die der Stadt *Triest* auferlegt wurde. 1% davon gelangte nicht erst in die Armeekasse, sondern wurde vorweg an *Josephine* abgezweigt, »eine sehr delikate Anwendung der neu eingeführten Dezimalrechnung« (*Simiot*). So etwas war nur mit Hilfe der Intendantur möglich: daher die Diebsgemeinschaften, von denen Jahrzehnte später der korrekte und geschäftserfahrene General *Thiébault* schrieb:

»In Frankreich kosten die Truppen im Frieden ein Drittel mehr als nötig, und im Feld das Doppelte ... (Die Intendanten) sollen selbst nicht stehlen und außerdem verhindern, daß die Generäle sich bereichern ... Aber man denke an Soult und Mathieu Faviers in Andalusien, an Guilleminot und Bordesoulle, an Ouvrard in Madrid, an Bourmont und Denniée in Algier und hundert andere Paare von gleichem Appetit«, vor allem *Napoleon* und *Salicetti* im Frühjahr 1796. *Thiébault* billigt den Generälen mildernde Umstände zu, denn ihre Bereicherung

»setzte vorangegangene Siege voraus, ging zu Lasten des Feindes oder der besetzten Gebiete... und minderte nicht ihre kriegerische Energie, regte sie vielmehr an... Daher hat man das Vermögen, das manche Generäle unter den Gefahren des Krieges zusammenbrachten, entschuldigt«,

beispielsweise dasjenige *Massénas*, dem *Thiébault* nahestand.

»Nach dem Feldzug von Austerlitz war General Solignac in Italien geblieben, unter dem Befehl Massenas. Er hatte eine namhafte Kontribution beizutreiben. Was der Kaiser über den Weg, den Teile dieser Gelder genommen hatten, erfuhr, mag zutreffen oder nicht; jedenfalls wies er den Finanzminister an, auf Masséna einen Wechsel, ich glaube über drei Millionen, und auf Solignac über 800 000 Livres zu ziehen. Masséna löste seinen ein, aber Solignac erklärte, von ihm kriege man keinen roten Sou. Daraufhin wurde ihm der Generalsrang aberkannt«

und ihm die Teilnahme an dem Feldzug gegen Preußen abgeschlagen. Dank diskreter Hilfe *Thiébaults, Murats* und anderer gelangte *Solignac* gleichwohl auf den Kriegsschauplatz,

»trat als Gemeiner ein ..., machte Kämpfe mit, wurde bei der ersten Besichtigung seines Truppenteils vom Kaiser erkannt und als General wieder angestellt, ohne einen Centime zurückzuerstatten.«

Solignac war es gewesen, der am 13. Vendémiaire das Feuer auf die royalistischen Nationalgarden eröffnet hatte.

Im Spanienkrieg war *Thiébault* zeitweise Militärgouverneur von *Burgos* und errichtete dort ein Musterlazarett mit den besten damals möglichen hygienischen Einrichtungen und sorgfältig ausgesuchtem Personal, unter einem tüchtigen, integren Verwalter namens *Latude*. Dieser

»meldete plötzlich, allnächtlich werde Heizmaterial gestohlen. Ich ließ den Dieben auflauern: sie wurden ertappt. Es waren der Ökonom und ein Angestellter ... ich ließ sie vor das Kriegsgericht stellen. Aber an dem Morgen des Tages, auf den die Verhandlung anberaumt war, zog der Chef des Generalstabs in Madrid (Marschall Jourdan, K.) den Fall an sich, und der Gipfel: wenig später wurde Latude seines Postens enthoben.«

Bei solchen Verwaltungsmethoden, auf einem so ausgedehnten, für damalige Zeit wirtschaftlich entwickelten Kriegsschauplatz wie *Ober-* und *Mittelitalien*, mit einer zahlenmäßig so schwachen, also wenig kostspieligen Armee konnte deren Oberkommandierender schon ein namhaftes Vermögen zusammenbringen. Auf *St. Helena* hat *Napoleon* den Ertrag des Italienfeldzugs 1796–1797 treuherzig auf bescheidene 300 000 Livres beziffert. *Bourrienne* gibt drei Millionen an. Anhand der davon getätigten Immobilienkäufe 1798–1799 zeigt *Masson*, daß es nicht weniger gewesen sein kann. Gemessen an den Möglichkeiten war das bescheiden. Aber wie ehedem *Caesar* kam es auch *Napoleon* mehr auf politische Macht als auf Privatvermögen an. Politische Macht begründete er, außer durch seine Siege, namentlich, indem er seine Armee neu und gut einkleidete, indem er sie endlich gehörig ernährte und ihren Sold in vollwertigem Metallgeld auszahlen ließ, indem er seinen Generälen ermöglichte, sich zu bereichern, endlich indem er sich die Regierung in *Paris* durch Millionenüberweisungen verpflichtete, indem er Gemälde, Renaissance- und antike Statuen in den Louvre stellte, deren Übereignung in den Kontributionen italienischer Regierungen mit enthalten war, sowie durch Geschenke an politische und geschäftliche Freunde in *Paris*.

Seinerseits wurde er von den Potentaten, deren Herrschaft er vorerst nicht angetastet hatte, nicht nur mit barem Geld beschenkt, sondern auch mit kostbaren Kunstwerken sowie für *Josephine* mit kostbarem Schmuck. Insbesondere der Papst bedachte Madame *Bonaparte* mit überaus großzügigen Geschenken wie Ketten, Perlen, Ringen und Kameen.

Bedeutende Ausgaben bürdete *Napoleon* der Armeekasse auf, beispielsweise für seine fürstliche Hofhaltung auf Schloß *Mombello* bei *Monza*, wohin er sich nach dem Vorfrieden von *Leoben* zurückzog. Das Prestige, das er methodisch aufbaute, erforderte den Eindruck fürstlichen Reichtums – Sparsamkeit hätte es beeinträchtigt: dafür der prächtige Zuschnitt des Hofes, insbesondere die Ehrenwache von 300 polnischen Legionären, dafür die strenge Etikette, die den Zutritt zu ihm erschwerte und einer Audienz oder gar Einladung erhöhten Wert verlieh. Nur wenige Gäste lud er zu seiner Tafel, selbst seine Adjutanten nur ausnahmsweise; genoß jemand solche Ehre, wurde diese allerdings durch die Unbequemlichkeit beeinträchtigt, daß man nicht satt wurde. Denn kaum hatten die Gäste sich bedient, so hob er schon die Tafel auf. Später wurde die Unbehaglichkeit des Kaiserhofs nur durch *Josephines* liebenswürdige Aufmerksamkeit für alle Anwesenden gemildert.

In dem frischen Grün des Parks von *Mombello* und im Schloß selber huldigten italienische Prominente, insbesondere Dichter und Gelehrte, dem »Befreier seines Vaterlandes«. Ohne den Charme, den er ausstrahlte, wäre seine Wirkung nicht zu verstehen. Damals in *Mombello* war dieser Charme auf dem Höhepunkt, er war noch jugendlich, froh durch seine märchenhaften Erfolge und heiter mit seinen jugendlichen Ruhmesgefährten, den nachmaligen Marschällen und Herzögen *Marmont*, *Lannes*, *Murat* – nur *Alexandre Berthier*, der schon den amerikanischen Unabhängigkeitskrieg als Oberst im Generalstab mitgemacht hatte, war bereits in mittleren Jahren, aber der Glanz Alexanders konnte durch die reiferen Jahre Parmenions nur erhöht werden. Neben dem Helden glänzte seine schöne Frau, so widerwillig sie sich auch aus *Paris* und aus *Barras'* Armen losgerissen hatte, ferner seine Schwestern. Daß von ihnen wenigstens die zweite, *Pauline*, schön war, bezeugt noch heute ihr Marmorporträt von Canova als liegende Venus. *Heinrich Heine* sang:

»Da war der Fucks, ein blinder Held
Und persönlicher Feind des Jehovah.
Glaubt nur an *Hegel*, und etwa noch
An die Venus des Canova.«

Elisa Bonaparte war leider mit dem korsischen Stumpfbock *Bacciochi* verheiratet. *Pauline* heiratete in *Mombello* einen tüchtigen und diskreten Generalstäbler, den General *Leclerc*. Ihre Brüder, *Joseph*, *Napoleon* und *Louis*, setzten ihr und *Elisa* Mitgiften von je 40 000 Livres aus, anscheinend beider Achtel aus dem Verkaufserlös von korsischem Grundbesitz.

Von nicht geringerer Bedeutung für das Prestige war ein Pressebüro, das *Napoleon* – natürlich auf Armeekosten – in *Paris* unterhielt, unter Leitung von *Regnaud de St. Jean d'Angely*. Dessen Aufgabe war nicht allzu schwierig; denn seit Caesar hatte es keinen derartigen Siegeslauf gegeben. Mithin rissen sich die Journalisten um Neuigkeiten, um Anekdoten, Hintergrundmaterial, Bilder, Karten. Dieser Pressedienst erfand sentimentale Legenden wie die von dem Degen des Generals *Beauharnais* und heroische wie die von der Garde, die stirbt, aber sich nicht ergibt. Nach Beendigung der Operationen arbeitete *Napoleons* topographisches Büro Tag und Nacht, um die gestochenen Platten zu Karten der Schlachten und Gefechte von *Montenotte*, *Lodi*, *Arcole*, *Rivoli*, *Mantua* und seinen sonstigen Siegen herzustellen. *Napoleon* trieb seine Kartenzeichner rücksichtslos an, denn ihm war gegenwärtig, wie rasch Nachrichten und Informationsmaterial veralten.

Durch seinen Friedensschluß in *Campo Formio* hatte *Napoleon* die Leitung der französischen Außenpolitik usurpiert, und so wurde ihm auch die Leitung der nächsten Verhandlungsrunde in *Rastatt* übertragen. In *Campo Formio* war ausgemacht, die Habsburger für ihre Gebietsverluste in *Italien* durch *Salzburg* und süddeutsche Gebiete zu entschädigen: Das war die Tagesordnung für *Rastatt*. Das Direktorium rief ihn indes bereits nach wenigen Tagen aus *Rastatt* ab – *Barras* kam die verspätete Einsicht:

»Der kleine Gefreite hat in Italien ein Vermögen gemacht; man darf ihn nicht wieder hinlassen,«

noch weniger nach *Rastatt.* Dort verteilte er rechts und links Juwelen und andere Wertgegenstände unter die Kongreßdiplomaten und bestieg den Wagen nach *Paris.*

Wie erzielt dort der sieg- und friedensgekrönte General den tiefsten Eindruck? Durch Schlichtheit und Bescheidenheit. Das Direktorium hat nicht das Geld für das Nötigste, repräsentiert aber ebenso pomphaft wie ehedem der gleichfalls bankrotte Königshof – umgekehrt General *Bonaparte.* Den Geschäftskreisen braucht er nicht mehr zu imponieren; sie sind über seine geschäftlichen Erfolge unterrichtet. Jetzt gilt es auf die Volksmassen und die Intellektuellen zu wirken.

In *Mombello* war der Musketier nicht zugelassen, der die Blutarbeit von *Castiglione* und *Rivoli* geleistet hatte. Umgekehrt zeigte sich *Napoleon* den jubelnden Soldaten, die durch die Rue Chantereine zogen. Er ging kaum aus, und wenn, dann in Zivil und nur in die Sitzungen des Instituts, um sich von *Lagrange* und *Laplace* über deren Forschungen unterrichten zu lassen – *Laplace* machte er am 20. Brumaire für kurze Zeit zum Innenminister –, und betonte, in diesem Kreis werde er noch lange Schüler bleiben. *Monge* war sein Lehrer an der École Militaire gewesen. Mit ihm trieben *Napoleon* und mehrere seiner Offiziere analytische Geometrie – den Nachhall findet man noch in *Stendhals Lucien Leuwen. Monge* hatte *Napoleons* Wahl in das Institut bewerkstelligt, durch *Monge* warb er den Gelehrtenstab an, den er nach *Ägypten* mitnahm.

Das Institut war die republikanische Nachfolgeorganisation der königlichen Académie Française. Ihm gehörten die noch lebenden Mitarbeiter *Diderots* an der Encyclopédie an, es verkörperte die Aufklärung. Auf die Frage nach seiner Parteizugehörigkeit erwiderte *Napoleon*: »die des Instituts«. Wenn er *Goethe* gegenüber einen Fehler der gesellschaftlichen Schilderung im *Werther* tadelte, war das nicht Scharlatanerie, im Gegensatz zu der Kritik an *Tacitus*, womit er oft zu imponieren suchte. Unter den Gästen seines Salons waren *Siéyès*, *Bernardin de St. Pierre*, *Chénier*, *Méhul*, *Legouvé*. Nach dem Brumaire fanden mehrere Generäle, sie hätten ebensogut zum Diktator getaugt. Aber abgesehen davon, daß sie nicht den Entschluß aufgebracht hatten, fehlte ihnen auch *Napoleons* geistiges Kapital, sich in allen Lebenskreisen Geltung zu verschaffen.

*Napoleons Paris*er Wohnsitz befand sich seit seiner Heirat in *Josephines* Haus in der Rue Chantereine – seit 1797 Rue de la Victoire. Dort wollte er die aus *Italien* mitgebrachten Kunstschätze aufstellen. Die erforderlichen Umbauten machten das intime Heim unwohnlich. Also beschloß *Napoleon*, sich bei *Paris* ebenso fürstlich einzurichten wie in *Mombello*, und beauftragte den Finanzmann *Lecouteulx du Moley* – nicht zu verwechseln mit dem Mitgründer der Banque de France, *Lecouteulx de Canteleu* – mit dem Kauf eines passenden Objekts. 1799, während *Napoleon* in *Ägypten* festsaß, kaufte *Lecouteulx* für ihn das Schlößchen Malmaison nördlich von *Versailles*. Ferner beglich *Napoleon* 1797 die bis dahin aufgelaufenen Schulden seiner Frau.

Der Rechtsdrall war durch die Niederschlagung des Royalistenaufstandes im Vendémiaire vorübergehend gebremst. Bei den Wahlen von 1797 errangen Royalisten und Gemäßigte die Parlamentsmehrheit; mit ihr gingen die Direktoriumsmitglieder *Barthélemy* und vor allem *Carnot*. Sie wollten den Frieden, insbesondere mit *England*, und wollten ihn durch Verzicht auf einen Teil der Eroberungen erkaufen.

Die Mehrheit des Direktoriums wollte gegen *Carnot* und die Parlamentsmehrheit putschen. Zu diesem Zweck machte sie den demokratischen General *Hoche* zum Kriegsminister, und *Hoche* brachte Teile der bis dahin von ihm geführten Sambre- und Maas-Armee, die ihm ebenso anhing wie die Armée de l'Italie *Napoleon*, in die Nähe von *Paris*. *Hoche* hatte noch nicht das von der Verfassung vorgeschriebene Mindestalter, und zur Verhütung von Staatsstreichen verbot die Verfassung die Anwesenheit von Truppen nahe der Hauptstadt. Die Majorität protestierte also, *Hoche* und die Direktoren ließen sich einschüchtern. *Hoche* trat zurück, *Barras* und die beiden anderen Direktoren seiner Partei griffen auf *Napoleon* zurück. Diesem bot sich die Möglichkeit zum Staatsstreich, aber noch hatte er dafür die Hochfinanz nicht hinter sich. Daher putschte er nur für *Barras* & Co., und zwar diskret – durch Stellvertreter, die ihre Rolle nicht durchschauten.

Die Soldaten und Offiziere von 1796 waren trotz Hunger und anderer Entbehrungen aus leidenschaftlicher revolutionärer Überzeugung bei der Fahne geblieben. Sie verachteten das Parlament als Schwatzbude und die Verwaltung als Diebesgesindel, sich selbst betrachteten sie als die wirklichen »Patrioten«. Darauf hatte schon *Hoches* Putschplan beruht. Nach dessen Scheitern beurlaubte *Napoleon* im Sommer 1797 – es herrschte Waffenstillstand – die nötige Anzahl Offiziere und Soldaten seiner Armee nach *Paris*, ebenso den Divisionsgeneral *Augereau*. In der Nacht auf den 18. Fructidor (4. September) 1797 verhaftete dieser die unerwünschten rechten Politiker, insbesondere *Barthélemy* – *Carnot* tauchte beizeiten unter. *Napoleon* forderte einen Sitz im Direktorium. Aber den wollten *Barras* und dessen Kollegen keinesfalls gewähren. Ebenso vergebliche Hoffnungen machte sich *Augereau*.

Um beim nächsten Mal eine Chance zu haben, brauchte *Napoleon* weiteren Ruhm. Im Sommer hatte er selbst den Frieden mit *England* befürwortet. Dieses war des Krieges überdrüssig, aber zum Frieden gehören zwei. Die Direktoren wollten *Frankreichs* Eroberungen auf dem europäischen Kontinent behalten, mehr noch: Sie forderten die Rheingrenze. Umgekehrt verlangten sie, *England* solle die französischen und holländischen Kolonien, die es während des Krieges besetzt hatte, ohne Gegenleistung herausgeben. Daran waren die Verhandlungen gescheitert. Mithin dauerte der Krieg an. *Napoleon* bekam das Oberkommando, nunmehr gegen *England*. Er inspizierte auch die nordfranzösischen Häfen, von denen die schon damals geplante Landungsarmee nach *England* übersetzen sollte, war sich jedoch im klaren über das Chimärische dieses Planes. Zum Anschein hielt er ihn aufrecht und organisierte ein Landungsunternehmen, allerdings gegen *Ägypten*.

Die französische Kriegsflotte war im amerikanischen Unabhängigkeitskrieg der englischen im Ganzen überlegen gewesen, hatte aber in der Revolution den größeren Teil ihres Offizierskorps verloren. Infolge des Ausbleibens von Verpflegung und Sold ging auch die tüchtige Mannschaft davon. Die Armeen requirierten ihren Bedarf in Feindesland. Dagegen verkam das Material der Flotte durch das Versagen der Verwaltung. Wie an der *Riviera*, so war auch sonst der Landtransport für Massengüter bedeutungslos. Die Belieferung der Werften mit Bauholz für Schiffe, Masten und Takelage, ja selbst mit Hanf und Teer wurde ausschließlich zu Wasser bewerkstelligt, die französischen Kriegshäfen waren aber durch die englische Flotte blockiert. Dank revolutionärer Energie und fragloser Tüchtigkeit eines Teils der verbliebenen Offiziere liefen zwar immer wieder französische Geschwader aus, und in der größten Seeschlacht vor 1798, in den fünf Tagen vom 28. Mai bis 1. Juni 1794 in der *Biscaya* (»Schlacht am 1. Juni«), schnitt das französische Geschwader bemerkenswert gut ab. Es wurde am letzten Tag taktisch geschlagen, erlitt aber keine entscheidenden Verluste und erreichte seinen strategischen Zweck: Der Geleitzug von *Amerika*, den es decken sollte, kam durch. Nach weiteren Niederlagen ging die französische Flotte 1795 zum Kaperkrieg über. Zunächst schädigte dieser den englischen Handel. Aber gegen Geleitzüge waren die französischen Kaper ohnmächtig, und nach anfänglichen Erfolgen wurde jeder von ihnen durch englische Kreuzer genommen. Ein erheblicher Teil der guten französischen Seeleute befand sich infolgedessen in Kriegsgefangenschaft.

Trotzdem erreichte 1796 eine französische Expedition die Bantry Bay in Irland, kehrte jedoch infolge einer Pechsträhne unverrichteterdinge um. Anfang 1798 wurde wieder zur See mobil gemacht. In *Cadiz* gab sich ein spanisches Geschwader den Anschein, eine Expedition nach *Irland* oder *England* vorzubereiten. Auch die holländische Flotte stellte ihre Schlagkraft wieder her, erlitt jedoch im Oktober 1797 bei *Texel* so schwere Verluste, daß sie als maritimer Faktor vorerst ausschied. Das französische Geschwader in *Brest* war so gut wie dienstunfähig, täuschte aber Offensivvorbereitungen vor. Die Mittelmeerflotte segelte zwischen *Korfu* und *Toulon* hin und her. Heerestruppenteile wurden nach den Kanalhäfen in Marsch gesetzt, und selbst die wichtigsten Kommandobehörden der französischen Flotte blieben in Unkenntnis über die wirkliche Absicht.

»Nur ließ sich nicht verheimlichen, daß in Toulon, Marseille, Genua, Civitavecchia und auf Korsika lebhaft an den Vorbereitungen für ein großes Seeunternehmen gearbeitet wurde und Frankreich für einige Zeit zur See angreifbar sein werde. Die britische Regierung beschloß die Gelegenheit zu ergreifen» (*Mahan*)

und entsandte *Nelson* ins Mittelmeer, zwar anfänglich nur mit drei Linienschiffen, aber er bekam bald Verstärkung.

Gleichgültigkeit für die Verpflegung

Napoleon hat unmittelbar nacheinander diejenigen Feldzüge geführt, in denen sich seine Strategie von der Licht- und der Schattenseite zeigt: den Italienfeldzug

1796/97 und den ägyptischen 1798/99. In *Italien* 1796/97 wie später in den Feldzügen von 1800, 1805, 1806, 1809 durchzog *Napoleon* mit einem Heer von 40 000–200 000 Mann in raschen Märschen wohlangebaute Gebiete. Bei flüchtigem Verweilen fanden seine Truppen allenthalben genug zu leben. *Napoleon* verachtete daher die Sorge für Verpflegungsnachschub und rückwärtige Verbindungen als überflüssige und vor allem kostspielige Mühe.

Doch die Kriegführung in weniger entwickelten Ländern war von regelmäßigem, reichlichem Nachschub und gesicherten rückwärtigen Verbindungen abhängig. Da sich *Napoleon* darum nicht kümmern zu müssen glaubte, gingen seine Expeditionen nach *Ägypten* 1798/99 und nach *Rußland* 1812 zugrunde. 1813 in *Deutschland* boten beide Parteien mehr als je eine halbe Million Mann gegeneinander auf, der Krieg drehte sich auf der Stelle, und *Napoleons* Große Armee hat mindestens ein Drittel ihres Bestandes durch Krankheit und Fahnenflucht verloren: zum überwiegenden Teil als Folge des Hungers.

Die Truppenteile, die *Napoleon* nach *Moskau* führte, waren beim Übergang über den Niemen, Ende Juni 1812, 280 000 Mann stark; in *Moskau* kamen nur 90 000 Mann an. Die Gefechtsverluste, hauptsächlich bei *Smolensk* und *Borodino*, können 60 000 nicht überstiegen haben, darunter zahlreiche Leichtverwundete, die unter normalen Bedingungen nach einigen Wochen wieder dienstfähig gewesen wären. Rund die Hälfte der Armee war bereits auf dem Hinmarsch verhungert, und auch der Rest ist in erster Linie durch den Hunger zugrunde gegangen, wenngleich nicht ohne Nachhilfe durch Frost und Kosaken. *Clausewitz* urteilt:

»Die russische Armee schlagen ..., Moskau erobern war ein Ziel, welches ... füglich erreicht werden konnte. Aber ... diesem Ziel (fehlte) noch eine wesentliche Bedingung ... : auch in Moskau noch furchtbar zu bleiben. Wir glauben, daß Bonaparte dieses Eine nur aus dem übermütigen Leichtsinn vernachlässigt hat, der ihm charakteristisch war: Er ist mit 90 000 Mann nach Moskau gekommen, und er hätte mit 200 000 hinkommen sollen.

Dies wäre möglich gewesen, wenn er sein Heer mit mehr Schonung und Sorgfalt behandelt hätte. Aber das sind Dinge, die ihm ewig fremd geblieben sind ... Mit mehr Vorsorge und besseren Anordnungen in Betreff der Verpflegung, mit einer überlegteren Einrichtung des Marsches, wodurch nicht ... so ungeheure Massen auf einer Straße zusammengedrängt worden wären, würde er der von Anfang an herrschenden Hungersnot vorgebeugt und dadurch sein Heer vollständiger erhalten haben.

Ferner ist es als eine ... große Nachlässigkeit anzusehen, so wenig für den Rückzug gesorgt zu haben. Wenn Wilna, Minsk, Polozk, Witebsk und Smolensk durch Verschanzungen mit tüchtigen Palisaden befestigt, und jeder dieser Orte mit 5000–bis 6000 Mann Besatzung versehen wurde, so würde der Rückzug auf mehr als eine Art erleichtert worden sein, namentlich durch eine bessere Verpflegung. Wir wollen nur an die 700 Stück Ochsen erinnern, welche die Kosaken am 9. November in der Gegend von Smolensk genommen haben.«

Das ist kein Urteil vom grünen Tisch. *Clausewitz* hatte den Feldzug auf russischer Seite mitgemacht, ständig im Sattel und am Feind: auf dem Rückzug als Generalstabsoffizier eines Kavalleriekorps, auf der Verfolgung im Generalkommando *Wittgenstein* und dann bei *Diebitsch*, dessen kühner Zug die für den weiteren Verlauf entscheidende Frucht des Krieges von 1812 zeitigte: den Abfall *Yorcks*. An den Verhandlungen von

Tauroggen war er wesentlich beteiligt. Von Vorteil für *Napoleon* war allerdings, daß die Verluste der Russen aus dem gleichen Grunde ebenso erheblich waren, so daß *Napoleon* vier Monate Zeit gewann, um in *Thüringen* und bei *Magdeburg* die neue »Große Armee« aufzustellen, mit der er am 2. Mai 1813 bei *Großgörschen* und am 20./21. Mai bei *Bautzen* siegte. Allerdings waren diese Siege ebenso hypothekenbelastet wie diejenigen von *Smolensk* und *Borodino*.

Im Herbstfeldzug 1813 boten beide Parteien in *Sachsen* und *Niederschlesien* je etwa 500 000 Mann gegeneinander auf; die Verbündeten mögen ein paar Zehntausende stärker gewesen sein. *Napoleon* hatte den Vorteil der inneren Linie und der einheitlichen Führung. In früheren Feldzügen, besonders 1796, war er aus seiner zentralen Stellung vorgebrochen und hatte die schwerfälligen Gegner, einen nach dem anderen, abgefertigt.

Daß dies im Herbst 1813 nicht gelang, lag hauptsächlich daran, daß *Napoleon*, seinen eigenen Lehren zuwider, seine Streitkräfte zersplitterte. Aber auch Verpflegungsmangel trug entscheidend zu seiner Niederlage bei. Die Gegner standen im Norden, Osten und Süden um ihn herum, jede der drei Armeen hatte ein weites Hinterland im Rücken, während *Napoleon* seinen Nachschub nur durch *Thüringen* und über *Magdeburg* erhielt. Auf der Straße durch *Thüringen* trieb seit Anfang September die verbündete Reiterei ihr Unwesen.

Doch schon Monate, ehe diese Kavallerie die Transporte abfing, noch mitten im Waffenstillstand, war die Armee unterernährt. Bei Beginn der Operationen,

Mitte August, lagen 90 000 Mann in den Lazaretten, und trotz der entsetzlichen Sterblichkeit blieb ihre Belegung bis zur Schlacht bei *Leipzig* immer in gleicher Höhe. Die Kranken starben wie die Fliegen, aber neue Entkräftete legten sich in ihre verseuchten Typhusbetten. Das württembergische Divisionskommando rettete seine Kranken, indem es sie ausnahmslos nach der Heimat evakuierte. Auf das Schlachtfeld von *Leipzig* brachte *Napoleon* noch 200 000, die Verbündeten dagegen 350 000 Mann: Das anfängliche Kräftegleichgewicht hatte sich in nahezu doppelte Übermacht seiner Gegner verwandelt. Gewiß, die französischen und rheinbündischen Gefechtsverluste im August und September waren schwerer als die der Verbündeten gewesen, aber diese Differenz war nicht entscheidend; die Verbündeten hatten ihre Siege auch mit Blut bezahlt. Was *Napoleon* bei *Leipzig* vor allem fehlte, war die Achtelmillion Menschen, die – zusätzlich zu den 90 000 Kranken Mitte August – durch Unterernährung erkrankt oder wegen Hunger desertiert waren.

Schon während des Waffenstillstandes hatten die kommandierenden Generäle laut beim Kaiser über die unzureichende Verpflegung geklagt. In der Nacht auf den 12. Oktober lagen sowohl das Große Hauptquartier wie das Generalkommando des 6. Armeekorps in *Düben*. Solche Quartiergemeinschaft ist oft lästig für die nachgeordnete Kommandobehörde, und richtig: gegen ein Uhr morgens befahl *Napoleon* dessen Kommandierenden, *Marmont*, zu sich. Dieser war am 11. Oktober im Marsch nach und von *Bitterfeld* gewesen, hatte *Blüchers* Verbleib erkundet, in der ersten

Nachthälfte die Meldungen an den Kaiser und die Marschbefehle seines Armeekorps für den folgenden Tag diktiert und war nun im ersten Schlaf. Seinen Schlaf braucht aber ein Kommandeur im Feld unbedingt, um seine Kräfte zu erhalten. *Napoleon* wünschte ihn als Gesprächspartner zur Klärung seiner Absichten; der Marschall, erbittert durch die Gewißheit der bevorstehenden Katastrophe und gereizt durch die Störung seiner Nachtruhe, rechnete ihm vor,

»daß unsere ungeheuren Verluste, abgesehen von den Gefechtsverlusten, hauptsächlich durch den Mangel an Lebensmitteln, Fürsorge und Pflege verursacht seien. Hätte (das Hauptmagazin in) Dresden den nötigen Proviant enthalten, wären die Lazarette mit dem Nötigen für die Pflege der Kranken und Verwundeten ausgestattet gewesen, so wäre die Armee um 50 000 Mann stärker, eine sicher nicht übertriebene Schätzung. Ich fügte hinzu:

›Ganz abgesehen von der Notwendigkeit, 50 000 Menschen das Leben zu erhalten, wenn man kann, müßten Sie 50 000 Rekruten ausheben, um wieder 50 000 Mann zu haben. Hätten Sie die gestorbenen 50 000 Mann gerettet, so stünden Ihnen jetzt 50 000 krieggewohnte alte Soldaten zur Verfügung, jene 50 000 Rekruten dagegen wären nur eine ungewisse Hoffnung. Sie auszuheben, einzukleiden, zu bewaffnen und auf den Marsch zu bringen, würde zweifellos gute 50 Millionen kosten. Setze man die Mehrkosten, die ein besserer Unterhalt der Armee erfordert haben würde, mit 25 Millionen an – sicher viel zu hoch – so ergebe sich: diese 25 Millionen, an der richtigen Stelle ausgegeben, hätten Ihnen 50 000 Mann und 25 Millionen erspart.‹

Ich bewies ihm das mit der Feder in der Hand. Er hatte darauf keine Antwort und erwiderte übellaunig: ›Hätte ich diese Summe ausgegeben, so wäre sie unterschlagen worden, und alles beim alten geblieben.‹ Was sollte man darauf antworten? Es kam dem Verzicht auf ordentliche Verwaltung gleich. Napoleon hat immer seine Hilfsmittel verschwendet, um sich neue zu verschaffen, aber nie das Geringste getan, um die vorhandenen zu erhalten.« (*Marmont*)

Napoleon selbst hat dieses Urteil bestätigt, beispielsweise in seiner *Dresden*er Unterhaltung mit *Metternich* 1813: »Ich gebe monatlich 30 000 Mann aus und bin euch dadurch überlegen.«

Es war umgekehrt: durch seine 30 000 Mann Monatsausgabe brachte er sich selbst in die Unterlegenheit, denn nur ein verschwindender Teil der 30 000 Mann starb durch Wunden, die weitaus meisten an Hunger und durch Verwahrlosung in den Lazaretten: Keine zeitgenössische Armee, nicht einmal die russische, hatte derartige Verluste durch schlechte Verwaltung.

Marmonts Zahl für die Verluste durch Unterernährung – 50 000 Mann – ist nur als Rechenbeispiel gedacht, nicht als Statistik, und stark untertrieben. Wie sehr, belegt sein eigenes Armeekorps: Bei Ablauf des Waffenstillstands zählte es nahezu 28 000 Mann, am Morgen des 16. Oktober bei *Möckern* noch 16 000. Es hatte keine nennenswerten Gefechtsverluste gehabt und, abgesehen von dem Eilmarsch von *Löwenberg* nach *Dresden*, 23.–26. August, keine aufreibenden Strapazen. Die Verluste der anderen intakten Verbände wie Garde-Infanterie, 1. Gardekavalleriedivision, schwere Divisionen des 1. Kavalleriekorps Polen, 2. und 14. Armeekorps werden gleichfalls etwa zwei Fünftel ausgemacht haben.

Übler stand es natürlich um die Truppenteile, die bei *Großbeeren*, *Hagelberg*, *Luckau*, an der *Katzbach*, bei *Kulm*, *Dennewitz*, *Wartenburg* geschlagen, zum Teil sogar vernichtet waren. Beispielsweise war die württembergische Infanteriedivision im August über 7000 Mann stark, am Morgen des 3. Oktober bei

Wartenburg noch 1000. Weniger kraß waren die Verluste der Sachsen. Der Legende zufolge ist die Schlacht bei *Leipzig* durch den Übergang von 12 000 Sachsen zu den Verbündeten entschieden worden. Die Zahl 12 000 stimmt, allerdings für den August. Wegen der Verluste bei *Großbeeren, Luckau* und vor allem *Dennewitz* wurden die beiden sächsischen Infanteriedivisionen zu einer einzigen zusammengelegt, am Morgen des 18. Oktober noch 4400 Mann, wovon sich gute zwei Drittel am Nachmittag für neutral erklärten. Der Rückzug der französischen Heeresteile über *Markranstädt* und *Weißenfels* war seit dem Morgen in vollem Gang, die Schlacht längst entschieden - ein extremes Beispiel für *Clausewitz'* Regel,

»daß der Verlauf der Schlachten mehr ein langsames Umschlagen des Gleichgewichts ist ... , daß in den meisten Fällen der besiegte Feldherr dies lange schon vor dem Abzug gewahr wird, und daß die Fälle, wo irgendeine Einzelheit unvermutet stark auf den Hergang des Ganzen einwirkt, meistens nur in der Beschönigung ihr Dasein haben, womit jeder seine verlorene Schlacht erzählt.«

Wie sehr *Marmonts* Paradigma durch die »militärische Tonleiter« gedämpft ist, belegt eine Denkschrift des Hauptmanns *Locquin* vom Stabe der 32. Infanteriedivision (Durutte) vom 1. Juni 1813, auf dem Vormarsch nach der Schlacht bei *Bautzen:*

»Da die Verteilungen nicht regelmäßig stattfinden können oder sogar überhaupt nicht bei der Truppe stattfinden, so gerät diese, sobald sie im Biwak die Waffen abgelegt hat, in wilde Unordnung. Sie zerstreut sich auf weite Strecken, läuft in die Ortschaften, um Lebensmittel, Holz und Stroh zu suchen, und unter diesem Vorwande verwüstet, plündert und zerstört sie alles Eigentum ... Kurz nach der Ankunft im Biwak, wenn er sich in Unordnung auflöst, kann ein Truppenteil leicht vernichtet werden.»

– beispielsweise die Division *Maison* am 26. Mai bei *Haynau*.

»Das Marodieren hat auch noch andere Unzuträglichkeiten: es werden an einem Abend, in einem einzigen Augenblick alle die Nahrungsmittel verzehrt, von denen eine Armee mehrere Wochen hätte leben können. Man raubt das Heu, Stroh und ungedroschenes Getreide aus mehreren Dörfern, um eine einzige Nacht zu biwakieren. Man schlägt einen Ochsen tot, um ein paar Pfund Fleisch zu haben. Das kleinste Detachement verpflegt sich nach seinem Gutdünken, verschleudert alles, tötet Vieh und verbraucht soviel wie eine ganze Division. Ich habe eine Handvoll Soldaten alle Schweine, Gänse und Schafe eines Dorfes töten sehen, um einen Augenblick später abzumarschieren und dieses Fleisch nicht mitzunehmen, sondern liegen zu lassen. Die verlassenen Biwaks sind noch bedeckt mit Eingeweiden und Vierteln von Kühen und anderem totgeschlagenem Vieh. Alles das dient nur dazu, die Luft zu verpesten und das Wasser zu verderben. Eine derartige Verschwendung des Überflusses kann der Gesundheit der Truppen nicht förderlich sein. Unter ihr leidet sowohl die Güte der Lebensmittel wie ihre Zubereitung und die Regelmäßigkeit der Verteilung, die ganz dem Zufall überlassen ist. Durch das Zurückbleiben von Marodeuren ... schrumpfen manche Divisionen auf die Hälfte ihres Bestandes.

Eine Armee von Marodeuren ist auch eine Armee von Plünderern und Verwüstern. In einem Augenblick ist alles zerschlagen, zerwühlt und verheert; Heu, Stroh, Garben von ungedroschener Frucht, Türen, Möbel, Betten, Geschirr, Gefäße, Vieh, alles wird geraubt, weggeschleppt, ins Biwak gebracht, und das Glück von 20 000 Familien ist für immer vernichtet. Die Sachsen und Schlesier, die beim Herannahen der Franzosen ihre Ortschaften nicht verlassen, werden von unseren Soldaten ebenso vollständig ausgeplündert wie die abwesenden. Sie werden obendrein noch totgeschlagen. Man hat sie schon zwanzigmal beraubt und verlangt von ihnen, daß sie noch etwas finden, wenn sie nichts mehr haben. Ich habe Frauen und Kinder völlig nackt in die Wälder flüchten, junge Weiber sich die Brust zerschlagen und mit ihren Kindern in Tränen zerfließen sehen. Ich habe Familienväter gesehen, die von soviel Unglück vernichtet sich auf der Erde wälzten und sich die Haare rauften. Ich habe verlassene Säuglinge gesehen, die man fern auf dem Felde versteckt hatte. Sie waren auf einige Lumpen gelegt, und selbst diese wollten ihnen die barbarischen Soldaten noch entreißen. Ich habe Sechzigjährige sowohl wie junge Mädchen sich in die Kirchen flüchten sehen, um dort Sicherheit zu finden oder einige Sachen dort zu verbergen. Aber unsere Soldaten achten nicht einmal die Majestät der Altäre ...«

»Die Truppe, die nach einem langen Marsche bei der Ankunft im Biwak gezwungen ist, sich auf die Dörfer zu zerstreuen und ein oder zwei Meilen in der Runde Lebensmittel zu suchen, verbringt mit diesem Suchen und mit der Vorbereitung ihrer Rast eine kostbare Zeit, die der Ruhe gewidmet sein müßte (veröffentlicht von *Foucart*, zitiert nach *Linnebach*)

Die Division Durutte bestand aus Strafbataillonen; sie bildete zusammen mit den beiden sächsischen Infanteriedivisionen und der sächsischen leichten Kavalleriebrigade Gablentz das französische 7. Armeekorps (Reynier). Was Hauptmann *Locquin* beschreibt, ist die Verheerung des eigenen Landes durch die eigenen Kameraden, die *Napoleons* sächsische Truppen täglich vor Augen hatten. Noch heute bleibt bonapartistischen Autoren unverständlich, daß die sächsische Anhänglichkeit an *Napoleon* darunter litt. *Foucart* hat französisch geschrieben; dennoch lesen sie ihn nicht.

Über die Verpflegung der Grande Armée in den vier Wochen vor der Schlacht bei *Leipzig* referiert *Linnebach:*

»Die Not erreichte den Höhepunkt, als infolge des Vorrückens der Nordarmee und Blüchers die Transporte auf der Elbe eingestellt werden mußten. Es blieb nichts übrig, als die Brotportion auf 0,5 kg herabzusetzen, und auch diese geringe Menge konnte meist nicht ausgegeben werden ... Die Soldaten lebten deshalb fast nur noch von Fleisch und unreifen Kartoffeln, die Krankheiten erzeugten. Nach dem Räumen des rechten Elbufers begann infolge der engen Versammlung der Armee auch das Futter zu fehlen, so daß die ohnehin geringe Leistungsfähigkeit der Kavallerie noch mehr zurückging ...

Die jungen Soldaten besaßen bald nicht mehr die nötige Willenskraft, um ihre Schwäche zu überwinden. Nur dort, wo der Kaiser persönlich führte, riß er durch seine gewaltige Tatkraft alles mit sich fort ... (Daß die Armee) sich überhaupt während einer so langen Zeit und auf einem so eng beschränkten Gebiet zu ernähren vermochte, erklärt sich neben dem Reichtum des Landes nur dadurch, daß die Operationen in die Zeit nach der Ernte fielen.«

Die Unterernährung vom Frühjahr bis zur Schlacht bei *Leipzig* hatte eine furchtbare Nachwirkung. Von den 130 000 bis 140 000 Mann, die *Napoleon* aus *Leipzig* rettete, verlor er auf dem dreiwöchigen Rückzug ein volles Drittel durch Infektionskrankheiten. Seine Verfolger, ausreichend und halbwegs regelmäßig ernährt, waren nicht so anfällig.

Auch die 10 000 Gefangenen, die der siegreiche Durchbruch bei *Hanau* kostete, waren durch Entkräftung zurückgeblieben.

Berücksichtigt man diese beiden Posten, so stellen sich die Gesamtverluste durch Hunger im Jahre 1813 in *Deutschland* auf eine Viertelmillion Mann oder nicht viel weniger.

Linnebachs Gesamtrésumé

»Abgesehen von ... 1812 sind die Operationen Napoleons niemals an der Verpflegungsfrage gescheitert. Andererseits aber wurden seine Truppen ... nur während der Vorwärtsbewegung in gut angebauten Ländern hinreichend ernährt. Bei jedem Stillstande und beim Durchschreiten ärmerer Gebiete traten sofort Schwierigkeiten ein, weil weder die Truppe noch die Verwaltung gelernt hatte, für die Zukunft zu sorgen. Vor allem verstand man es nicht, die vorgefundenen Hilfsmittel auszugleichen. Deshalb herrschte bei der einen Truppe Überfluß, während die andere Mangel litt ...

Der französische Soldat lebte daher bald im Überfluß, bald hungerte er. Es unterliegt keinem Zweifel, daß diese unregelmäßige Lebensweise und die meist ungenügende Ernährung der Gesundheit des Soldaten schweren Schaden zufügten. Unzählige sind dem zum Opfer gefallen, fast alle aber trugen ... schwere Schädigung ihrer Gesundheit davon. Namentlich die fast ohne Ausbildung auf die Kriegsschauplätze gezogenen Rekruten konnten dem nicht widerstehen ... Von den 1 600 000 französischen Rekruten, die Napoleon unter seine Fahnen stellte, sind ... sehr viel mehr durch Krankheiten als durch Wunden zugrunde gegangen ...

Heere von damaliger Stärke konnten sich im europäischen Kulturlande bei fortschreitenden Operationen meist ohne Nachschub ernähren, und selbst ärmere Gegenden lieferten bei rücksichtsloser Ausnutzung meist so viel, daß der Nachschub nur gering zu sein brauchte. Daß die Armeen dennoch so häufig Hunger litten, lag meist nicht am Fehlen von Lebensmitteln, sondern an der Unfähigkeit der Verwaltung, sie zweckmäßig zu verteilen. Wir können deshalb annehmen, daß auch heute noch ein großer Teil des Bedarfs im Lande gefunden werden wird. Die Erfahrungen zeigen ... aber auch die hohe Bedeutung der Mannszucht ... Sie allein sichert die wirtschaftliche Ausnutzung der vorgefundenen Vorräte ... Bei straffer Organisation der Verwaltung und guter Disziplin hätte die Große Armee wahrscheinlich selbst in Rußland zu leben vermocht. Keinesfalls aber würde sie dann auf dem Rückzuge durch den Hunger vernichtet worden sein.«

Linnebachs Urteil hat sich im ersten Weltkrieg bestätigt.

Zurück zu *Napoleons* ägyptischer Expedition. Seine Expeditionsarmee war verloren, als ihr durch die Schlacht bei *Abukir* (1. August 1798) die rückwärtigen Verbindungen abgeschnitten wurden. Nur zog sich ihr Untergang vier Jahre lang hin und wurde in *Frankreich* kaum bemerkt. Denn er vollzog sich »hinten, weit in der *Türkei«* und war überschattet durch die unmittelbaren und mittelbaren Folgen der Schlacht: den Wiedereintritt *Österreichs* in den Krieg, gemeinsam mit *Rußland* und der *Türkei*, Aufstände in *Süditalien*, *Holland*, *West-* und *Südwestfrankreich*, den militärischen Zusammenbruch der französischen Armeen in *Oberitalien* und *Süddeutschland*; verlorene Schlachten bei *Osterach*, *Stockach*, *Magnano*, *Cassano*, *Zürich*, an der Trebbia, bei *Novi* und infolgedessen eine Dauerkrise des Direktoriums. Daher wurde *Napoleon* bei seiner Landung in *Fréjus* (9. Oktober 1799) als Retter begrüßt.

Napoleons Familie und Vermögen 1796–1799

Der Empfang bewies: Diesmal konnte ihm die Diktatur nicht entgehen. Desto ungewisser waren seine Familienverhältnisse.

Der Clan *Bonaparte* hat die Heirat mit *Josephine* nie verzeihen können. *Napoleon* wußte das vorher; daher hat er Mutter und Geschwister erst nach dem Fest benachrichtigt. Sie fürchteten – unbegründet, wie sich erwies –, *Napoleons* Raub mit der Familie *Beauharnais* teilen zu müssen. Auch ließ sich eine »große Dame« wie *Josephine* nicht der Familiendisziplin korsischer Krautjunker unterwerfen. Während *Napoleons* Siegeslauf 1796–1797 mußte man das beleidigte Minderwertigkeitsgefühl unterdrücken, aber als er in *Ägypten* war, erlegte man sich keinen Zwang mehr auf. *Joseph* als Senior der Familie und *Napoleons* Vermögensverwalter hatte eine – wie er meinte, wirksame – Waffe gegen seine Schwägerin. Er zahlte nur deren von *Napoleon* auf 40 000 Livres bemessene Pension, aber fast nichts für ihren Grunderwerb – dabei war es doch derjenige *Napoleons* selber –, desto mehr dagegen für seinen eigenen sowie denjenigen *Luciens* und des Ehepaars *Leclerc-Pauline*. Den Vorwand lieferte *Josephines* allzu offensichtlicher Ehebruch. Er hatte noch im Hochzeitsmonat begonnen, im März 1796 nach *Napoleons* Abreise zur Armee. Ihr Spaßmacher (»polichinelle«) war der Hauptmann *Hippolyte Charles*. Nur widerwillig folgte sie ihrem verliebten Gatten nach *Italien*. Desto klarer war der Regierung, ihrem wichtigsten General müsse dessen Gattin schleunig nachgesandt werden. Als sie endlich am 24. Juni nach Mailand abreiste, nahm sie *Charles* mit. *Napoleon* ertappte ihn bei der Beteiligung an Heereslieferungen und fand das gar nicht spaßig – »alle Heereslieferanten sind Diebe« –, verbannte ihn also nach *Frankreich*. *Hippolyte* kam bald wieder.

Als ihr Gatte in *Ägypten* weilte, ließ sich *Josephine* wieder von *Charles* und anderen amüsanten Herren erheitern. *Barras* vermittelte dem Geliebten seiner ehemaligen Geliebten eine Anstellung bei der Firma Bodin, die seit Anfang 1797 die Armée de l'Italie belieferte. Die vier leitenden Herren der *Cie Flachat*, die bis dahin diesen Kontrakt gehabt hatten, hatte *Napoleon* verhaften lassen, hatte allerdings nur einen erwischt. Die anderen entkamen. Sie waren von ausführenden Organen gewarnt, die sie vorsorglich bestochen hatten. Während *Napoleons* ägyptischer Reise kehrte *Cie Flachat* zu ihren italienischen Fleischtöpfen zurück. Für *Thiébault*

> »und andere blieb Josephine die ehemalige Geliebte Barras', die für den Befehl über die Armée de l'Italie Madame Bonaparte geworden war und für 500 000 Francs Provision die Belieferung der Armée de l'Italie jener entsetzlichen Compagnie Flachat verschafft hatte, deren schamloser Diebstahl die Hungersnot in dem belagerten Genua (1799–1800) und die Kapitulation Massénas verursacht hatte.«

Als Chronist dieser Belagerung und der Kapitulation war *Thiébault* aus erster Hand unterrichtet. Für *Josephines* Provision gilt das zwar nicht, aber seine Angabe darüber kann doch nicht als Klatsch abgetan werden.

Joseph bestrafte *Josephine* durch Austerity. Wirkliche Verlegenheiten bereitete ihr das nicht. Beispielsweise gewährte *Fouché* regelmäßige Unterstützungen, und *Ouvrard* half beim Erwerb von Malmaison. Dieses kostete

225 000	Francs Kaufpreis,
9 111	Francs Gerichtskosten,
37 516	Francs für die Einrichtung,

die beiden letzten Posten sofort fällig. Dafür lieh *Ouvrard* 25 000, *Joseph* zahlte immerhin 15 000 Francs. Daß er überhaupt etwas herausrückte, erklärt *Masson* daraus, daß er angesichts von mehr als einer Million, die er für seinen und *Luciens* Grunderwerb ausgegeben hatte, beim schlechtesten Willen nicht anders konnte.

Fouchés Geldhilfe für *Josephine* war wohlangelegt. Dank ihrer konnte er *Napoleon* nach dessen Rückkehr aus *Ägypten* ausspionieren, und vorerst informierte sie ihn über das politische Spiel ihrer Schwäger *Joseph* und *Lucien*. Ebenso lohnend war der Umgang mit *Josephine* und ihre gelegentliche Unterstützung für die Direktoren *Barras*, *Rewbell* und *Gohier*. Das *Publikum* schloß daraus, *Napoleon* stehe immer noch hinter ihnen, was ihren Kredit hob. *Josephine* plante eine Zeitlang die Heirat ihrer Tochter *Hortense* mit *Rewbell* junior. Sie konnte nicht wissen, ob *Napoleon* lebend aus *Ägypten* zurückkäme.

Häufig liefen Gerüchte um, ihm sei etwas zugestoßen. Den Rückhalt gegen ihre Schwäger, den *Josephine* für diesen Fall brauchte, suchte sie beim Direktorium.

Napoleons Brüder glaubten nicht, ihm irgendwelchen Dank zu schulden. *Louis* schrieb seine Ernennungen – mit 15 Jahren zum Leutnant, mit 16 zum Rittmeister – seinen eigenen militärischen Leistungen zu, obgleich er mehr krank und auf Urlaub als an der Front gewesen war. *Lucien* vergaß, daß ihn seine Brüder aus dem Gefängnis geholt hatten und daß ihm *Napoleon* die Posten in der Intendantur verschaffte, die er alsbald wieder aufgab. *Josephs* Ehrgeiz war zu Beginn des italienischen Feldzugs 1796 nicht über ein Konsulat irgendwo in *Italien* hinausgegangen; daß daraus erst die Gesandtschaft in *Parma*, dann sogar in *Rom* geworden war, erklärte er aus seinen eigenen Talenten und Beziehungen, ebenso seine Wahl in den Rat der Fünfhundert als Vertreter Westkorsikas (»Departement Liamone«).

»Mitte 1799 sind alle Mitglieder der Familie *Bonaparte* in Paris oder der Nachbarschaft vereinigt ... Diese kleinen Korsen sind sechs Jahre zuvor in *Toulon* mittellos an Land gegangen. Jetzt sind sie große Herren und besitzen Hôtels in Paris, Schlösser in der Umgebung. Sie verhandeln von gleich zu gleich mit der Regierung, schreiben gebieterisch an die Minister, laden Schriftsteller zu Tisch, erwecken den Anschein, als verdankten sie ihr Vermögen ausschließlich eigenem Verdienst, und tun, als könne der Bruder nie zurückkehren. Sie leben von dem Geld, das er zurückgelassen hat, betrachten es aber nicht als zu treuen Händen anvertraut, sondern als Nachlaß, den sie untereinander verteilen je nach den Ansprüchen, die jeder erheben kann.« (*Masson*)

Im einzelnen hatten erworben:

Joseph ein Hôtel in der Rue de Rocher und das Schloß Mortefontaine im *Valois*; *Lucien* ein Hôtel in der Grande Rue Verte und das Schloß Plessis-Chamant bei *Senlis* – allein diese vier Objekte kosteten mehr als eine Million Livres; *Leclerc* ein Hôtel in der Rue Chantereine und das Schloß Montgobert bei *Villers Cotterets*. Sein Kommando als Generalstabschef der Armée de l'Angleterre mit Sitz in *Rennes* gestattet ihm häufige Anwesenheiten in *Paris* und *Montgobert*. Zu *Josephs* regelmäßigen Gästen in der Rue Rocher und Mortefontaine gehörten konservative Juristen wie *Roederer* und *Cabanis* und konservative Schriftsteller wie *Benjamin Constant* und Madame *de Staël*, die im Brumaire *Napoleons* Mitarbeiter und Verbündete waren.

Louis Bonaparte war in *Italien* und *Ägypten* einer von *Napoleons* Adjutanten gewesen, hatte aber aus gesundheitlichen Gründen nach 1796 keine Kämpfe mehr mitgemacht und war im März 1799 nach *Frankreich* zurückgelangt. Dort forderte er als einziger *Bonaparte* und nahezu einziger Militär, die Regierung solle sich um die in *Ägypten* abgeschnittene Armee kümmern, und seine Brüder sollten die Verbindung mit *Napoleon* herstellen. Niemand beachtete ihn.

Joseph hatte 1794–1795 annehmen dürfen, *Napoleon* werde seine – *Josephs* – Schwägerin *Désirée Clary* heiraten; *Napoleons* Heirat mit *Josephine* empfand er als Beleidigung. Indem er *Bernadottes* Werbung um *Désirée* begünstigte, nahm er Partei gegen *Napoleon*, denn *Bernadotte* war seit Frühjahr 1797 dessen Rivale. *Bernadotte* hatte gute eigene Verbindungen, benutzte aber auch diejenigen *Josephs*, um im Sommer 1797 Kriegsminister zu werden. Als solcher verbündete er sich jedoch gegen das Direktorium und auch gegen *Joseph* mit den sogenannten Jacobinern, die zeitweilig zweihundert Mitläufer im Rat der Fünfhundert zählten. Die Direktoren entließen den aufsässigen Minister.

Da erst erinnerte sich *Joseph* seines Bruders in *Ägypten* und schickte den Griechen *Bourbaki* als Kurier nach *Ägypten*. *Bourbaki* war noch nicht abgereist, als *Napoleon* zurückkam.

Joseph war im März 1799 durch Rotation aus dem Rat der Fünfhundert ausgeschieden und dadurch seiner bisherigen politischen Hebel beraubt. Dafür war *Lucien* im März 1798, gleichzeitig mit *Napoleons* Ausreise, hineingekommen und sogleich zum Hecht im Karpfenteich geworden. Seit 1795 hatten die herrschenden Thermidorianer die meisten Wahlen Andersdenkender annulliert. Sie selber, soweit sie begabt waren, hatten Verwaltungsposten übernommen, die Parlamente waren daher zu Teichen stiller Karpfen heruntergekommen: das war *Luciens* Chance.

»Seine Reden strotzen von übelsten revolutionären Phrasen, Lorbeerwäldern, die das Genie unserer Kriegsflotte beschatten, Blutegeln des Volkes, die ihr Gift ausschütten» (*Masson*)

und so weiter – *Masson* zieht die ebenso volltönende, aber weniger geschmacklose liberale Rhetorik vor.

»Die offizielle Politik in Frankreich, die Quintessenz bürgerlicher Selbstsucht und Verräterei, hat zwei mächtige Stützen: Tradition und Rhetorik. Miteinander multipliziert umgeben sie jeden bürgerlichen Politiker mit einer Schutzhülle, selbst ein so prosaisches Faktotum des großen Kapitals wie Poincaré.« (*Trotzki*)

Luciens plebejische Tonart berührt *Masson* peinlich, aber er billigt, daß *Lucien* den linken Dialekt benutzte, um das Direktorium von rechts anzugreifen, was ihm bürgerliches Prestige verschaffte, ihn allerdings mit den Jakobinern im Rat der Fünfhundert verfeindete – dank seiner hartnäckigen Dreistigkeit und boshaften Schlagfertigkeit wurde er Schriftführer, dann sogar Präsident der Fünfhundert. *Napoleon* und dessen Armee in *Ägypten* waren ihm gleichgültig, wie *Louis* beobachtete. Für *Lucien* begann die Dynastie *Bonaparte* mit ihm selbst.

Am 13. Oktober 1799 dinierte *Josephine* bei dem Direktoriumsmitglied *Gohier*; da kam die Nachricht von *Napoleons* Rückkehr. Sofort fuhr sie ihm auf der Hauptstrecke *Dijon–Lyon* entgegen. *Joseph*, *Lucien*,

Louis und *Leclerc* fuhren westlich, über *Autun*, und sie begegneten *Napoleon* zuerst. Tagelang hatten sie Zeit, ihn von *Josephines* Untreue und der Unvermeidlichkeit der Trennung zu überzeugen – halb und halb dachte er das ja selbst seit langem. Erst drei Tage nach *Napoleon* kehrte *Josephine* in die Rue de la victoire zurück. Das Schlafzimmer blieb verschlossen. *Josephine* weinte die ganze Nacht vor der Tür; ihre Kinder *Hortense* und *Eugen* begleiteten die Trauerarie, und morgens war *Napoleon* durch das Terzett überwunden.

Talleyrand, *Collot* und andere Mitverschworene bestärkten ihn. Es gab Dringenderes als Eheprobleme. *Josephine* hatte gesellschaftliche Beziehungen in den leitenden Kreisen, die für die Verschwörung nutzbar gemacht werden konnten. Sie ins feindliche Lager zu treiben, konnte den Putsch nur erschweren. Ihr Salon eignete sich als unverdächtiges Zentrum. Dort konnte man Gegner, Neutrale und Freunde aushorchen und bearbeiten, die militärische und administrative Organisation auf die Beine stellen. *Josephine* übernahm selbst bestimmte Aufgaben und löste sie geschickt. Für den 18. Brumaire lud sie den Direktor *Gohier* zum Frühstück ein, so daß er nichts ahnte. Bis dahin war ihr verborgen geblieben, welch ungeheure Rolle ihrem Mann bevorstand. Jetzt begriff sie es und wandelte sich zur treuen, innerhalb ihrer Grenzen sogar diskreten Gattin.

Der 18. Brumaire

In den Seealpen wird *Napoleons* Wagen nachts von Bauern mit Fackeln geleitet: zum Schutz gegen Straßenräuber. Er selbst eilt rasch vorwärts; sein Gepäck bleibt zurück und fällt wirklich Straßenräubern in die Hand, die sich auf den Grafen *von Artois* berufen. So ist es in ganz *Frankreich* auf den Straßen: Allenthalben werden Wagen, und erst recht einzelne Reiter und Wanderer, ausgeraubt. Meist schützen die Räuber Royalismus vor. Also prüfen sie ihre Opfer, und wenn Beamte, Revolutionäre, Käufer von Nationalgütern als solche erkannt oder fälschlich dafür gehalten werden, bingt man sie um. Im freundlichsten Fall zieht man sie nackt aus und verprügelt sie. Gendarmen gibt es aus finanziellen Gründen kaum. Auch die mobilen Kolonnen der Nationalgarde reichen zur Sicherung der Straßen nicht aus.

Überdies sind die Straßen verfallen. Die für ihren Bau und Unterhalt zuständigen Departement- und Lokalverwaltungen werden beim Finanzausgleich benachteiligt – wie heute bei uns –, und den letzten beißen die Hunde. Auch für Schulen, Krankenhäuser, Armenfürsorge ist kein Geld da, hat doch selbst die Zentralregierung nicht das Nötigste. Im November 1799 gesteht der Kriegsminister *Dubois-Crancé*, daß er seit Monaten nichts für Sold, Verpflegung und Ausrüstung gezahlt hat, erst recht bleiben die Beamten ohne Bezahlung, sie sind auf Korruption angewiesen. Nur die mit *Barras* in der Regierung verschanzten Schieber gedeihen, für die Gesamtbevölkerung ist der Zustand unerträglich. Jeder weiß: Der Schaden hat sein derzeitiges Ausmaß erst seit dem Wiederausbruch des Krieges, seit dem Verlust der besetzten Gebiete in *Italien* und *Deutschland* erlangt; also wünscht jedermann den Frieden.

Unerträglich ist auch die Rechtsunsicherheit infolge politischer und religiöser Verfolgung. Die Kirche ist Hauptstütze des Ancien Régime und Mitträger feudaler Ausbeutung und Unterdrückung, Hauptverbrecher bei Verfolgungen aller Art wie Hexen- und Ketzerverbrennungen gewesen: daher der Kirchenhaß der Aufklärer und Revolutionäre, noch 1792 auch des Oberstleutnants *Bonaparte*. Die Bauernschaft in ihrer Gesamtheit ist durch die Revolution von Fronden, Zehnten und sonstigen Feudallasten befreit. Die Bauern sind freie Eigentümer geworden, manche haben Nationalgüter erworben, aber obwohl sie dadurch mit der Kirche entzweit sind, die der größte feudale Grundherr gewesen ist, bleibt die Mehrheit kirchentreu. Der Jacobinerstaat verfolgt den Klerus mit Ausnahme der Minderheit, die den Verfassungseid geleistet hat. Umgekehrt werden Staatsbeamte, Jacobiner, eidleistende Geistliche von royalistischen Räubern und Aufständischen verfolgt und oft ermordet.

Alle französischen Verfassungen seit 1791 gewährleisten die Menschen- und Bürgerrechte. Aber infolge des ständigen Bürgerkriegs besteht die Achtung der Menschen- und Bürgerrechte nur in deren ständigem Bruch. Lediglich vermittels unaufhörlicher Verfassungsbrüche behauptet sich die herrschende Thermidorianerclique an der Macht.

In beträchtlichen Gebieten verharrt nahezu die ganze Bevölkerung in passivem Widerstand. Sie hat die Waffen niedergelegt, aber jederzeit kann der Aufstand wieder ausbrechen: in der *Gascogne* (*Toulouse*), vor allem aber in der *Bretagne*, der *Vendée* und deren östlichen Nachbargebieten *Niedernormandie*, *Maine*,

Anjou, kurz in dem ganzen Dreieck westlich der Linie *Caen–Le Mans–La Rochelle*.

Ein einziges Renommé ist intakt: das des unbesiegbaren, jugendlichen Generals *Bonaparte*. Ein provençalischer Clubredner ruft ihm zu: »General, schlagen Sie den Feind, dann machen wir Sie zum König!« *Napoleon* weist diese Ungehörigkeit bescheiden zurück, zumal man von ihm vielmehr erwartet, er werde die Republik retten – natürlich nicht unverändert, nicht in ihrem derzeitigen, unmöglichen Zustand.

So dachte beispielsweise *Siéyès*, der im Mai 1799 als Mitglied des Direktoriums gewählt und seitdem mit der Vorbereitung zu dessen Sturz beschäftigt war. Er »brauchte dafür einen Säbel« und hatte dazu *Joubert* bestimmt, der 1796–1797 unter *Napoleon* eine Division geführt und 1798 in den italienischen Satelliten-Republiken Staatsstreich-Routine erworben hatte. Nur militärischen Ruhm brauchte *Joubert* noch. Dazu bekam er das Oberkommando in *Italien*, fiel aber bei *Novi*, und diese Schlacht wurde zur entscheidenden Niederlage; ganz *Italien* außer der *Riviera* ging verloren. *Moreau* sollte *Jouberts* Rolle übernehmen, wollte aber nicht. Als die Nachricht von *Napoleons* Landung kam, sagte *Moreau* zu *Siéyès:* »Das ist Ihr Mann. Er wird Ihren Staatsstreich besser ausführen als ich.«

Der Rat der Alten hatte seinen Sitz in den Tuilerien und versammelte sich am Morgen des 18. Brumaire (9. November); die Oppositionsmitglieder hatte man zu laden vergessen. Dieses Oberhaus schützte einen drohenden Linksputsch vor und vertagte deshalb beide Häuser auf den 19. nach *St. Cloud*. Ferner übertrug es dem General *Bonaparte* den Befehl über die Truppen in *Paris* und verkündete in einer Proklamation, durch die getroffenen Maßnahmen werde der innere und äußere Frieden hergestellt.

Zahlreiche infolge der allgemeinen Desorganisation auf Urlaub in *Paris* befindliche Offiziere waren von *Napoleon* brieflich zum Frühstück in der Rue de la victoire eingeladen, und zwar so, daß jeder glaubte, einer von wenigen Gästen zu sein. Als sie in Menge zusammenströmten, begriffen sie, daß es losging, und waren begeistert. *Berthier*, *Lannes*, *Murat*, *Marmont* bewirteten Kameraden ihres Dienstzweiges beziehungsweise ihrer Waffe in ihren Wohnungen, hielten Reitpferde bereit, und als *Napoleon* den Parlamentsbeschluß erhielt, bildeten sie eine glänzende Eskorte, an deren Spitze er zu den Tuilerien ritt. Drei Reiterregimenter, deren Kommandeure im Einverständnis waren – unter ihnen *Sebastiani* – reihten sich hinter ihnen ein. So trat *Napoleon* mit imponierendem Gefolge und schönen Truppen vor das Parlament, hielt eine militärisch kurze Ansprache und schwor Treue

»der auf Freiheit, Gleichheit und nationale Volksvertretung begründeten Republik, die wir schaffen werden.«

Sein Gefolge schwor mit, und den wenigen uneingeweihten Abgeordneten ging auf, daß sie einen Staatsstreich legalisiert hatten.

Ahnungslos versammelten sich die Fünfhundert im Palais Bourbon und erhielten den Vertagungsbeschluß der Alten. *Lucien* als Präsident schloß die Sitzung, vertagte das Haus auf den folgenden Tag nach *St. Cloud* und ließ die »jakobinischen« Abgeordneten ratlos zurück. Von den »jakobinischen« Generälen hatte sich *Augereau* in den Tuilerien an den Sieger herangeschmissen – buchstäblich, mit Umarmung; *Jourdan* und *Moreau* verharrten in wohlwollender Neutralität.

Truppen und Nationalgarde zogen an den strategischen Punkten auf. *Fouché* hatte erraten, was bevorstand. Aber obwohl der Putsch auf den 17. angesetzt, um vierundzwanzig Stunden verschoben und zahlreichen Mitwissern bekannt war, erfuhr *Fouché* den wirklichen Beginn erst am Morgen des 18. durch ein Schreiben *Napoleons*. Er hielt sich zum Eingreifen bereit, aber weder Polizei noch Nationalgarde oder Truppen bekamen zu tun. *Paris* blieb ruhig, die Rente stieg um mehr als 13 %, von 11,37 Livres auf 12,88. Den Zeitungen zufolge gewährten die Banken dem Finanzminister am 18. und 19. Brumaire 2 Millionen Livres Kredit – in Wirklichkeit nur ein Viertel davon, aber das brauchte die Öffentlichkeit nicht zu wissen. Von den Mitgliedern des Direktoriums waren *Siéyès* und *Ducos* am Putsch beteiligt. Die anderen drei traten zurück: *Barras* gegen Abfindung, *Gohier* und *Moulins* gratis, nach bloßer Seelenmassage. Genau einen Monat nach seiner Landung in *Fréjus* war *Napoleon* Staatsoberhaupt, vorerst sogar legal.

Für die endgültige Legalisierung war die Zustimmung der beiden Kammern am folgenden Tag erforderlich. Das wurde schließlich zum Problem, denn in *St. Cloud* war die Opposition zugegen.

Siéyès hatte die vierzig jakobinischen Hauptschreier verhaften wollen; *Napoleon* verhinderte das, denn er unterschätzte den Widerstand, irregeführt durch die

Bereitwilligkeit, die er allgemein gefunden hatte. *Lucien* verfiel dem gleichen Fehler, getäuscht durch seinen parlamentarischen Erfolg. Die Staatsgewalt war so ohnmächtig, daß *Napoleon* jeden vermeidbaren Anschein von Gewalt zu unterlassen wünschte, so sehr er sonst für kurzen Prozeß war. Indes nahm die parlamentarische Opposition in *St. Cloud* so drohende Formen an, daß *Napoleon* sie nur brechen konnte, indem er beide Häuser des Parlaments durch die Truppen auseinanderjagte und von jedem anschließend nur einen Rest wiederversammelte, der die gewünschte Legalisierung nachlieferte. In jeder anderen Hinsicht war der Staatsstreich saubere Generalstabsarbeit, klappte ohne Zwischenfälle und war zudem sehr preiswert.

Denn fast alle Beteiligten machten aus Überzeugung mit. Die Kommandeure der drei Infanterieregimenter in *Paris* waren *Napoleon* verpflichtet: er hatte sie 1795 nach dem Vendémiaire eingesetzt. Die drei Reiterregimenter hatten zur Armée de l'Italie gehört. Nur die Kommandeure der Direktorial- und Parlamentsgarde mußten gekauft werden. *Napoleon* erteilte seine Befehle wie gewohnt durch den Generalstabschef *Berthier*, diesem stellten sich zahlreiche Ordonnanzoffiziere zur Verfügung. Die im Einverständnis mit *Siéyès* befindlichen leitenden Beamten und maßgebenden Parlamentarier

»hatten Hindernisse aus dem Weg geräumt, gefährliche Konkurrenten ausgeschaltet, den Rat der Alten bearbeitet, die Fünfhundert an rechtzeitigen Vorkehrungen gehindert, jedes mögliche Widerstandszentrum in Paris beseitigt und bildeten, mindestens für die ersten Stunden, ein ausreichendes Regierungspersonal.« (*Vandal*)

Demnach spielte Geld scheinbar keine Rolle. Allerdings war fast keines da – in der Hauptsache nur die Kriegskasse der Expeditionsarmee in *Ägypten*, die *Napoleon* mitgenommen hatte: etwa zwei Millionen. Die erste Kasse dieser unglücklichen Armee war mit dem Flaggschiff »L'Orient« bei *Abukir* gesunken, mit der zweiten, die sie mühsam aus dem armen Land herausgepreßt hatte, brannte der Oberkommandierende durch, weiteres Geld ließ sich auch mit Härte nur schwer auftreiben. Eine Besatzungsarmee kann unmöglich ihren Gesamtbedarf durch Requisition vermittels der Zivilbehörden auftreiben, ohne bares Geld wird ihre Versorgung bei längerem Verbleib recht schwierig. Der Armeeintendant, *Poussielgue*, erstattete dem Direktorium eine wahrheitsgemäße Meldung. Als sie in *Paris* ankam, landete sie auf dem Schreibtisch des ersten Konsuls, der *Poussielgues* fernere Laufbahn begreiflicherweise nicht begünstigte.

Seine aus *Italien* mitgebrachten Millionen nützten *Napoleon* für den Staatsstreich nichts. *Joseph* hatte sie angelegt, sie waren nicht greifbar. *Roederer* zufolge konnte *Napoleon* privat nur über 2000 Francs verfügen. *Vandal* hält diese Zahl für untertrieben, die Größenordnung aber für korrekt. Allenfalls mochte das Vermögen als Sicherheit dienen; dies blieb indes eine fiktive Ausflucht. Jedenfalls hielt sich der Hauptgeldgeber mit solchen Umständlichkeiten nicht auf. *Napoleon* erhielt eine halbe Million von dem Heereslieferanten *Collot*,

»einem verwegenen, einfallsreichen Spekulanten, der einen hohen Einsatz wagte, wenn es lohnte. Man bemühte sich auch um weitere Vorschüsse, in einigen Fällen vergeblich.

Bonaparte war sich nicht zu gut für solche Verhandlungen. Eines Abends kam er sehr befriedigt aus Sèvres zurück, von dem Bankier Nodier ...

Dagegen scheinen die großen Bankiers nicht beigesteuert zu haben, mindestens nicht im eigenen Namen. Fraglos wünschten sie den Erfolg des Unternehmens und hielten sich bereit, die Schwierigkeiten am Tag danach zu mildern ...

Nur eine Gruppe hatte damals in Frankreich Geld: die Pariser Hochfinanz, Bankiers und Heereslieferanten, teils ehrliche, teils zweideutige Unternehmer. Mehrere von ihnen hatten den Staatsstreich finanzieren helfen. Ihnen gegenüber bestand eine mindestens moralische Verpflichtung» (*Vandal*)

zu drei Konzessionen: Verzicht auf das »Geiselgesetz« und zwei der Geschäftswelt unerwünschte Gesetzesvorlagen. Das Geiselgesetz ermächtigte die Behörden, säumige Steuerschuldner durch Geiselhaft naher Angehöriger zur Zahlung zu zwingen. Ebenso durften sie politisch Verfolgte durch Geiselhaft von Angehörigen zwingen, sich zu stellen. Der erste unerwünschte Gesetzesvorschlag war der einer progressiven Einkommenssteuer. Der andere sollte den Heereslieferanten den Vorgriff auf die Steuerkassen nehmen, den sie damals genossen (die sogenannte »délégation«).

Dieser moralischen Verpflichtung entledigten sich die drei Konsuln *Napoleon, Siéyès, Ducos* – in den sechs Tagen vom 19. bis 25. Brumaire: Noch in der Nacht zum 19. lehnte der Rat der Alten das Gesetz zur Aufhebung der délégations ab, am 22. hoben die Rumpfparlamente das Geiselgesetz auf, *Napoleon* begab sich in die Gefängnisse, um die Geiseln persönlich zu befreien und den politischen Häftlingen Mut zu-

zusprechen, und am 25. Brumaire brachte der neue Finanzminister *Gaudin* ein Gesetz ein, das den Ertrag der geplanten progressiven Einkommenssteuer auf weniger unerwünschte Weise einbringen sollte. Die bescheidenen Vorschüsse, zu denen sich die Pariser Hochfinanz herbeiließ, dürften zum kleinsten Teil *Napoleon* vor seinem Staatsstreich gewährt worden sein, überwiegend dagegen erst seinem neuen Finanzminister *Gaudin* zur Überbrückung der allereiligsten Staatsverlegenheiten. *Gaudin* fand ganze 167 000 Livres in den Kassen. Aus Geldmangel konnte nicht einmal ein Kurier an die Armée de l'Italie abgefertigt werden.

Die politische Neuordnung

Die folgenden Monate waren Napoleons beste Zeit. Er ermittelte, wer die Geeignetsten für die verschiedenen Regierungsaufgaben waren, berief sie als Minister und Staatsräte und arbeitete mit ihnen die staatliche Neuordnung aus. Er unterrichtete sich geduldig und aufmerksam über Einzelheiten, beispielsweise das Staatsschuldbuch und die Methoden der Steuererhebung, über die zweckmäßigsten Wege zur Erschließung ordentlicher und außerordentlicher Einnahmen, zur Regelung von Währung und Geschäftsleben. Dank seiner raschen Auffassung und staunenswerten Arbeitskraft gewann er umfassendes, gründliches Verständnis für zahlreiche, wichtige Seiten von Verwaltung und Gesetzgebung, selbstverständlich nicht auf allen Gebieten.

Vor allem war er die rastlos vorwärts treibende Kraft, die aus den Mitarbeitern in kurzer Zeit Resultate herausholte, die in ihrer Gesamtheit eine neue, stabile Ordnung begründeten. Entsprechend dem Bekenntnis, er gehöre keiner Partei an, berief er Männer jeder Parteirichtung und Vergangenheit: des Ancien Régime wie des Konvents, der Konstituante wie des Direktoriums, Girondisten, rechte wie linke Jakobiner.

Dabei bewies er Duldsamkeit, Vorsicht, Takt, wodurch er sich sonst nicht auszeichnete, besonders bei der Herstellung des konfessionellen Friedens. Dieser Friede beruhigte die bis dahin aufstandsbereite, teilweise sogar jahrelang aufständische Bevölkerung des Westens und Südwestens und ermöglichte es *Napoleon*, die Bauernmassen von ihren royalistischen Chefs zu trennen. Sein rasches, entschiedenes und geschicktes Vorgehen isolierte diese Chefs und brachte sie auf den Weg der Verzweiflung, das heißt des individuellen Terrors. Durch die Schlacht bei *Marengo* (14. Juni 1800) erlangte *Napoleons* Diktatur Dauer und Festigkeit. Beides stieg noch durch die Friedensschlüsse von *Lunéville* (9. Februar 1801 mit *Österreich*) und *Amiens* (26. März 1802 mit *England*). *Napoleon* befand sich auf dem Höhepunkt seiner Laufbahn – nicht seiner Macht.

Mit der verzweifelten Finanzlage beim Staatsstreich kontrastiert komisch eine Anekdote, die *Napoleon* auf *St. Helena* erzählt hat. Danach seien die drei Konsuln am Morgen des 20. Brumaire, nach vollbrachter Tat, im Sitzungszimmer des verewigten Direktoriums zu ihrer ersten Sitzung zusammengetreten. Der zweite und dritte Konsul, *Siéyès* und *Ducos*, hatten dem Direktorium angehört. *Siéyès* wies auf eine Kommode, fragte *Napoleon*, was wohl darin sei, und gab selbst die Antwort: 800 000 Frs in Gold, die Vereinskasse des Direktoriums zur Entschädigung der alljährlich ausscheidenden Mitglieder. *Siéyès* schlug vor, die Summe zu dritt zu teilen.

Napoleon will die Beteiligung abgelehnt haben, denn er sei ja nicht Mitglied des Direktoriums gewesen. Den beiden anderen habe er geraten, sich nur zu bedienen, aber rasch, denn am anderen Morgen werde er den Finanzminister informieren. *Siéyès* habe dann geteilt und habe sich zunächst eine Extraration genommen, weil er die Idee der Teilung gehabt habe, eine weitere, weil er dem Direktorium am längsten angehört habe. *Ducos* habe dagegen protestiert, beide hätten *Napoleon* als Schiedsrichter angerufen, der aber habe nur gelacht und sie gemahnt: kämen sie heute mit der Teilung nicht zurecht, so hole morgen der Finanzminister das Ganze. *Siéyès* habe sich schließlich 600 000 Frs genommen und *Ducos* mit schäbigen 200 000 abgefunden. Ob die Geschichte wahr ist oder nicht, jedenfalls belegt sie authentisch die Unbekümmertheit, mit der *Napoleon* dringende Staatsinteressen seinen Machtzwecken unterordnete, in diesem Fall der Korrumpierung seiner Konsularkollegen.

Diese Unbekümmertheit belastete beispielsweise seine Zusammenarbeit mit *Mollien*. Dieser schildert in seinen Memoiren sehr anziehend *Napoleons* Eifer, seine Sachlichkeit und sein Verständnis zu Beginn seiner Regierung. *Mollien* leitete zunächst die Amortisationskasse, seit Anfang 1806 das Schatzministerium. Sehr bald forderte er seine Entlassung, doch *Napoleon* gewährte sie nicht. Ihm wurde ständig ärgerer Widersinn zugemutet. Beispielsweise erhielt die Amortisationskasse Befehl zu Stützungskäufen für die Staatsrente, jedoch mit ganz ungenügenden Mitteln, so daß die Stützung mißlang. *Napoleon* betrachtete den Staatskredit als Hokuspokus, womit der zuständige Minister nach Belieben zaubern könne. Daß man Kredit nur hat, wenn man seine Verbindlichkeiten pünktlich bezahlt, wollte ihm nicht in den Kopf. Vielmehr belehrte er seinen Stiefsohn *Eugen:*

»Alles ist so teuer, daß man gar nicht ans Bezahlen denken kann.«

Nach den Friedensschlüssen beließ er seine Armee in den Gebieten besiegter oder auch »verbündeter« Staaten, die für den Unterhalt aufkommen mußten, beispielsweise Bayerns, zum ersten Mal 1805. Zu der Erpressung von Geld- und Sachleistungen kamen unausgesetzte Grenzverschiebungen. Beispielsweise mußte Bayern 1809 die Stadt *Ulm* an *Württemberg* abtreten, es behielt nur Neu-*Ulm*. 1812 ging die bayrische Armee in *Rußland* zugrunde. *Napoleon* erhielt die Rechnung auf seinem Rückzug von *Leipzig*. Am 30. Oktober sperrte ihm bei *Hanau* eine bayrisch-österreichische Armee den Weg. Daß man Rücksicht auf das Interesse seiner Verbündeten nehmen muß, wenn man ihrer Treue sicher sein will, verstand er nicht, sondern klagte über Verrat.

In allen Nuancen der Grobheit bezeichnete *Napoleon* die Heereslieferanten als Diebe, fraglos zu Recht. Denn wie hätte sich ein korrekter Kaufmann auf die Belieferung einer Armee einlassen sollen, die nicht korrekt zahlte? Nur durch Betrug konnten die Lieferanten leben. Ermöglicht wurde dieser Betrug durch unfähige oder korrupte Beamte. Als *Napoleon* Ende 1799 die Macht übernahm, hätte er den Augiasstall ausschwemmen, den Lieferanten durch pünktliche Zahlung Ehrlichkeit ermöglichen, die Integrität der Verwaltung durch strenge Kontrolle und Auslese herstellen können. Wie wenig er daran dachte, belegt das Beispiel *Collots*.

Wie erwähnt, hatte dieser eine halbe Million für den Brumaire-Staatsstreich vorgeschossen. Als 1802 *Napoleons* Bruder *Joseph* Bargeld brauchte, verschaffte es ihm *Collot*, indem er gegen eine Barabfindung von 150 000 Francs jährlich in *Josephs* Marinekontrakte eintrat. Dazu glaubte er sich in den Stand gesetzt durch die Zusage pünktlicher Zahlung, die indessen unterblieb. *Collot* erbat eine Audienz; *Napoleon* herrschte ihn an:

»Stecken Sie Decrez (Marineminister), Bourrienne (Privatsekretär) und Duroc (Generaladjutant) je 100 000 Francs zu und lassen Sie mich mit Ihrer Quengelei in Ruhe!« (*Bourrienne*)

Napoleon pflegte gelegentlich Heeres- und Marinelieferanten einzusperren, beispielsweise *Ouvrard*. Das war ein Mann von weitem Horizont. Er begriff lange vor dem Brumaire die Notwendigkeit von Finanzsanierung und Währungsstabilisierung und war bereit, mit seinen beträchtlichen Möglichkeiten dazu beizutragen. Er verfügte über internationale Verbindungen, auch jenseits von Kanal und Atlantik, und am 18. Brumaire bot er die Anleihe von 12 Millionen Livres an, um die sich *Napoleon* in den folgenden vier Monaten vergeblich bei den führenden Pariser Bankiers bemühte.

Guillemin beschreibt eindrucksvoll die andauernde Demütigung, die *Napoleon* von diesen Bankiers erduldete, und die enormen Konzessionen, die er ihrer Privatfirma, der *Banque de France*, einräumen mußte.

Otto Wolff zeigt, daß sich *Napoleon* sehr erhebliche Verlegenheiten und Demütigungen hätte ersparen können, wenn er *Ouvrards* Angebot angenommen hätte, und daß *Napoleons* Motiv in persönlichem Haß gelegen hat. Solche Emotionen haben *Napoleon* auch später irregeleitet, beispielsweise im August 1813 der Haß gegen *Bernadotte. Ouvrard* erklärte sich *Napoleons* Haß aus Eifersucht. Als Mitglied jenes Kreises von Kriegsgewinnlern, zu deren Zentren der Salon *Beauharnais* gehörte, kannte er *Josephine* länger, vielleicht auch besser als *Napoleon* selbst.

Otto Wolff sieht allerdings nicht, wieviel Anlaß *Ouvrard* zu Mißtrauen bot. Es gelingt ihm auch nicht, dessen interessanteste Manöver durchsichtig zu machen. *Ouvrard* verachtete *Napoleons* Unfähigkeit, Finanzoperationen zu verstehen. Diese Unfähigkeit wurzelte darin, daß *Napoleon* grundsätzlich *nicht bezahlen wollte* – natürlich unterließ das auch *Ouvrard*, wenn er konnte, aber er versuchte nicht, *Rothschild* zu prellen. Beispielsweise freute sich bei späterer Gelegenheit *Napoleon* über die Einfuhr von Barrengold aus *London.* Er nahm nicht wahr, daß es durch *Frankreich* und *Spanien* in *Wellingtons* Kriegskasse floß, und daß *Rothschild* mit *Ouvrards* Hilfe die Transport- und Versicherungskosten über See nach *Lissabon* sparte.

Der Name *Code Napoléon* könnte dazu verleiten, *Napoleons* Verdienst um die fünf Gesetzbücher seiner ersten Regierungsjahre zu überschätzen. Im Grunde beschränkte es sich auf den Befehl, die zehnjährigen Vorarbeiten abzuschließen. Wie wenig er materiell erreichen konnte, zeigt sein vergeblicher Kampf gegen das Schwurgericht, das ihm als republikanische Einrichtung unsympathisch war.

Eine ausgesprochene Schwäche von *Napoleons* Reorganisation der Regierung lag in der Zweiteilung von Innen-, Finanz- und Kriegsministerium. Die Trennung der Polizei (*Fouché*) vom Inneren (*Laplace*, dann *Lucien*) fand *Napoleon* vor – sie entspricht den Erfordernissen einer Diktatur. Dagegen schloß die Trennung des Finanzministeriums (lediglich für die Staatseinnahmen; doch einen wesentlichen Teil davon, die Tribute der besiegten Staaten und besetzten Gebiete, behielt *Napoleon* der Domaine Extraordinaire vor) vom Schatzministerium (lediglich für die Staatsausgaben) eine rationelle Finanzverwaltung aus – die wollte *Napoleon* eben nicht, nachdem die Finanzen 1799–1800 notdürftig saniert waren. Zugrunde lag das Mißtrauen des Räuberhauptmannes, der nicht von seinen eigenen Leuten kontrolliert werden will. Aber gerade gegenüber korrekten Beamten ohne politischen Ehrgeiz wie dem Finanzminister *Gaudin* und dem Schatzminister *Mollien* war dieses Mißtrauen sinnlos. Ähnlich verfehlt war die Ausgliederung der »Administration Militaire« (Zahlmeisterei, Intendantur, Sanitätswesen, Train, Beschaffung von Waffen, Munition, Uniformen – eine ähnliche Behörde wie das preußische »Militär-Ökonomie-Departement«, das jedoch eine Abteilung des Kriegsministeriums blieb) aus dem Kriegsministerium. Die Tendenz zu unrationeller Verwaltungsorganisation gehört zu den

Gründen von *Napoleons* Scheitern. Am offensichtlichsten war sie in der Heeresverpflegung. Dem Versagen seiner Intendantur wirkte *Napoleon* entgegen, indem er sich selbst um Einzelheiten der Heeresverpflegung kümmerte. Wurde er daran durch Überlastung mit anderen Aufgaben gehindert, so geschah gar nichts.

Luciens Entlassung als Innenminister 1800 wurde notwendig, weil er kaiserlicher Prinz werden wollte und deshalb seinen Bruder auf die Bahn zur Erbmonarchie vorwärts zu stoßen versuchte. Doch *Napoleon* hatte den Finger am Puls der öffentlichen, insbesondere der militärischen Meinung. Als er im November 1799 die Regierung antrat, war die Umwandlung der republikanischen in diktatorische Institutionen seit fünf Jahren in Gang, aber *Napoleon* brauchte weitere fünf Jahre, um den Wandel zu vollenden: hierin überstürzte er nichts. Wie richtig er den demokratischen Widerstand, insbesondere des Heeres, einschätzte, belegt der Widerspruch der Generäle *Pommereul* und *Delmas* im März 1802 gegen das Konkordat. Gegen *Napoleons* Zuversicht, er könne den Klerus in den gebührenden Grenzen halten, wandte Pommereul ein:

»Das ist nicht leicht gegenüber Leuten, die ins Ohr flüstern und aus der Wahrung des Beichtgeheimnisses eine Gewissenspflicht machen.« *(Thiébault)*

Napoleon mußte das einräumen. Im Staatsrat hat er 1809 selbst bemerkt, solange es keinen Kaiser gebe, der zur Beichte gehe, bestehe keine Gefahr.

»Und General Delmas, der manchmal Glas zerschmiß ohne zu fragen, wer es bezahlte, hatte die Kühnheit dem ersten Konsul zu sagen: Nun brauchen Sie nur noch Rosenkränze aus unserem Portepee zu machen, und Frankreich braucht sich nur noch über die Million Mann zu trösten, die sich haben totschießen lassen, um die Heuchelei (capucinade) abzuschaffen, die Sie wieder einführen!« (*Thiébault*)

In Wirklichkeit scheint *Delmas* seinen Protest bei einer noch zentraleren Gelegenheit geäußert zu haben: nach *Napoleons* Kaiserkrönung am 2. Dezember 1804. Danach wurde er auf mindestens dreißig Meilen von *Paris* verbannt, erhielt erst acht Jahre später wieder ein Kommando – 1813 als Divisionskommandeur im 3. Armeekorps – und fiel bei *Leipzig*. *Stendhal* und *Godechot* legen ihm andere Zahlen in den Mund: *Stendhal* zwei Millionen, *Godechot* 100 000 – *Godechot* sucht überhaupt diese mörderische Statistik nach unten zu revidieren. *Delmas* dürfte von einer Million gesprochen haben.

»Der einzige Vorzug der Heuchelei von 1808 gegenüber der von 1834 bestand darin, daß die napoleonische Heuchelei nicht ohne Mut auskam.« (*Stendhal* in *Lucien Leuwen*)

Daher fanden sich unter *Napoleons* Generälen und zivilen Ratgebern immer wieder Unbekümmerte, die ihm die Wahrheit sagten, wenn auch selten so drastisch wie *Delmas*. Auch ausländische Monarchen litten gelegentlich unter dieser Aufrichtigkeit, beispielsweise Zar *Alexander I.* Als Großfürst *Konstantin* dem General *Vandamme* nach dessen Gefangennahme bei *Kulm* Vorwürfe machte, erhob dieser den Gegenvorwurf: »Ich habe meinen Vater nicht umgebracht.«

Gehalt und Nebeneinnahmen des ersten Konsuls und des Kaisers

Als erster Konsul (1800–02) bezog *Napoleon* ein Gehalt von 500 000 Frs, der zweite und dritte Konsul je 150 000, ferner alle drei zusammen 600 000 Frs Wohnungsgeld.

Ein Minister bezog dagegen nur 50 000 Frs, der Oberbefehlshaber einer Armee sogar nur 40 000. Die halbe Million Konsulargehalt konnte also kaum als bescheiden gelten. Dennoch reichte sie nicht; allein *Josephines* Schulden und die rückständigen Kaufgelder für Grundstücke betrugen ein Mehrfaches.

Dafür kam es gelegen, daß die Freie und Hansestadt *Hamburg* einen Iren, *Napper Tandy*, der als französischer Offizier gegen *England* gedient hatte, nebst drei Begleitern an dieses auslieferte. *Napoleon* erpreßte dafür vom *Hamburg*er Senat eine Buße von 4,5 Millionen Frs, sicherlich eine stolze Genugtuung für *Napper Tandy* in seiner Gefangenschaft. Diese Kontribution ging nicht an das französische Finanzministerium, sondern an *Napoleons* Privatkasse, wie später alle Kontributionen dem kaiserlichen Hausvermögen zuflossen. Etwa die Hälfte der 4,5 Hamburger Millionen, mehr als 2 Millionen, verwandte *Napoleon* für die Deckung von *Josephines* Schulden, die andere Hälfte für Schenkungen außerhalb der Familie, beispielsweise an Offiziere, die sich beim Staatsstreich verdient gemacht hatten. Zusammen mit seinem Gehalt betrug das, was *Napoleon* aus der Hamburger Kontribution nahm, gegen 3 Millionen: So viel bezog er tatsächlich schon im Jahre 1800 an öffentlichen Geldern. Dazu kamen seine Privateinkünfte.

1801 beschränkte sich *Napoleons* Gehalt immer noch auf eine halbe Million Frs, dagegen erreichten seine Bezüge aus öffentlichen Kassen bereits 12,8 Millionen. Um das Mißverhältnis auszugleichen, wurde das Gehalt des ersten Konsuls für 1803 auf sechs Millionen erhöht, und als Kaiser bewilligte sich *Napoleon* sieben Millionen Frs Zivilliste.

Ein Drittel der Zivilliste pflegte er zurückzulegen, und soweit er die Rücklagen nicht in Grundbesitz und Wertpapieren investierte, speicherte er sie in Form von Münzen und Edelmetallbarren im Keller der Tuilerien zusammen mit dem nicht angelegten Überschuß der »domaine extraordinaire«. In den Kriegen 1808–14 wurde dieser Hort aufgezehrt. Als die Kaiserin im März 1814 beim Anmarsch der Verbündeten nach *Blois* floh, führte sie in ihren Kutschen Reste dieses Schatzes mit sich. Die vier Millionen Frs Goldgeld, die *Napoleon* nach *Elba* mitnahm, stammten teils aus der Armeekasse, teils aus dem nach *Blois* geretteten Hausschatz. Wieviel diese Summen in heutiger Kaufkraft darstellen, ist schwer zu sagen, zumal bei der seit 1941 ununterbrochen andauernden internationalen Preissteigerung. Die Größenordnung des Multiplikators ergibt sich aus den damaligen Preisen. Einen Tagelohn rechnete man in Paris zu 2 Frs, außerhalb zu 1 Fr; 1 Pfund Brot kostete 10, ein Pfund Fleisch 30 Centimes, ein Pferd 300 Frs. Demnach machte in heutigen Deutschen Mark *Napoleons* Zivilliste eine neun- bis zehnstellige Summe aus, zwischen einer halben und einer ganzen Milliarde DM.

Bis 1800 war *Josephine Napoleons* Hauptausgabeposten, wenngleich diese beträchtliche Nebeneinnahmen hatte, die der kundige *Thiébault* in einem Fall auf eine halbe Million Metallgeld beziffert. Als sie sich 1799 an *Fouché* wandte, bewilligte dieser zunächst nur eine einmalige Zuwendung aus dem Ertrag der Spielkonzessionen, der zur Besoldung beispielsweise der Spitzel aus guter Gesellschaft und ähnlicher Dienstwilliger diente. Die Prämien aus dem Spiel wurden an der Opernkasse ausgezahlt; dort fand sich also *Josephine* ein. Nach 1799 kam statt ihrer gelegentlich Madame *Fourès*, *Napoleons* Geliebte in seiner ägyptischen Zeit.

Nach dem Staatsstreich gewährte *Fouché* der Gattin des ersten Konsuls aus seinem Dispositionsfonds ein Tagegeld von 1000 Francs und fuhr fort, durch *Josephine* seinen Chef auszuspionieren. Rechnet man dieses Tagegeld mit, so bezog das Ehepaar *Bonaparte* schon 1800 mehr als drei Millionen an öffentlichen Geldern.

Es entsprach auch *Josephines* Geschäftsgewohnheiten aus der Zeit des Direktoriums, ein Perlencollier von einem Pferdehändler anzunehmen, der 3000 Pferde an das Kriegsministerium liefern und dazu dem ersten Konsul vorgestellt werden wollte. *Napoleon* tobte, als er dahinterkam.

In den Wochen und Monaten nach dem November-Staatsstreich kamen dem Diktator von allen Seiten Winke über *Josephines* Schulden zu. Sobald die dringendsten administrativen und militärischen Arbeiten eingeleitet waren und die Hamburger Kontribution das erforderliche Hartgeld lieferte, ging er an die private Schuldenregulierung. Bei einem Teil der Schulden handelte es sich in Wirklichkeit um Kapitalanlagen: bei der Restzahlung von 230 000 Frs für Malmaison und von 1 195 000 Frs für Nationalgüter.

Jahrelang war *Napoleon* gegen den Ankauf von Nationalgütern gewesen. Robespierrist und dann Thermidorianer war er nicht aus Überzeugung gewesen, sondern um als General dieser Parteien vorwärts zu kommen und sich im Ausland zu bereichern. Aber sich an ihrem Hauptgeschäft, dem Erwerb von Nationalgütern, zu beteiligen, war ihm zu riskant. Er rechnete mit der Möglichkeit, sich eines Tages mit den Royalisten zu verbinden und mit ihrer Hilfe an die Macht zu kommen. Erst nach dem Brumaire, als es ihm ohne die Royalisten geglückt war, bezahlte er die Nationalgüter, die er ausnahmsweise, entgegen seinen Geschäftsgrundsätzen, erworben hatte.

Der delikate Teil der Schuldenregulierung betraf *Josephines* Lieferantenrechnungen. Damit beauftragte *Napoleon* seinen Privatsekretär *Bourrienne*. Dieser genoß *Josephines* Vertrauen. Ihm gab sie alle Rechnungen (Gesamtbetrag 1,2 Millionen Frs), weigerte sich aber, ihrem Mann mehr als die Hälfte einzugestehen. Vergebens stellte *Bourrienne* ihr vor, der erste Konsul tobte bei 600 000 nicht weniger als bei 1,2 Millionen: Gestehe sie die ganze Summe, so sei sie den Ärger auf einmal los.

Umsonst: Mit Widerstreben meldete *Bourrienne*, diskret wie er war, wirklich nur die 600 000, die die schöne Sünderin zu gestehen bereit war, und *Napoleon* stellte 600 000 von den Hamburger Goldrappen für die Lieferanten bereit.

Bourrienne wußte sich zu helfen. Zunächst kürzte er alle Rechnungen um die Hälfte. Schon die flüchtige Durchsicht der Rechnungen überzeugte ihn, daß die Lieferanten dabei keinen Verlust erlitten. Beispielsweise berechnete ein Lieferant 38 Hüte, die er binnen eines einzigen Monats geliefert haben wollte. Diese Art von dummer Verschwendung trieb *Josephine* nun nicht, sie konnte sich natürlich nicht erinnern, dieses Hutmagazin auch nur gesehen zu haben. *Bourrienne* zahlte also nur 35 000 von den 80 000 Frs, die auf der Rechnung standen, und der Lieferant besaß die Unverfrorenheit zu erwidern: »Dabei verdiene ich immer noch.«

Etwas später heiratete *Napoleons* jüngste Schwester *Caroline* den Husaren *Joachim Murat*. Bares Geld war noch knapp, der Konsul konnte nur 30 000 Frs Mitgift zusammenbringen. Er half sich mit einem Griff in *Josephines* Schmuckkasten und zog daraus ein wertvolles Kollier hervor.

Josephine wollte sich entschädigen. Ihr war bekannt, daß der Juwelier *Foncier* einen Perlenschmuck besaß, angeblich aus dem Besitz *Marie Antoinettes*, den er für eine Viertelmillion zu verkaufen bereit war.

An sich hätte *Josephine* den Schmuck leicht aus dem Tagegeld abzahlen können, das sie von *Fouché* bezog, aber sie konnte das Geld nicht einteilen. Wie es scheint, wußte *Bourrienne* Rat: er stellte die Verbindung zum Kriegsminister *Berthier* her. Da sich die französische Staatsverwaltung nur allmählich aus dem finanziellen Zusammenbruch herausarbeitete, wurden Heereslieferungen nur langsam abgestottert. *Berthier* teilte einem Lieferanten mit, seine Rechnung werde mit Vorrang beglichen, und der Begünstigte übernahm die Bezahlung von *Josephines* Perlenschmuck.

Schon 1800 erkannte *Josephine*, ihr Mann werde sich zum Monarchen krönen. Sie wirkte seiner monarchischen Neigung entgegen, denn sie sah wohl, die Kinderlosigkeit ihrer Ehe mit *Napoleon* sei für ihn als Monarchen aus junger Familie ein politischer Nachteil, er werde sich deshalb von ihr scheiden lassen. Umgekehrt suchten seine Brüder den ersten Konsul auf der Bahn zur Monarchie vorwärts zu stoßen: eine neue Quelle des Zanks zwischen *Josephine* und der Familie *Bonaparte*.

Als sich *Napoleon* 1809 wirklich scheiden ließ, erhielt *Josephine* eine jährliche Zivilliste von zwei Millionen Frs, (womit sie natürlich nicht auskam), ferner Malmaison. Von 1800 ab war das Schloß Malmaison ausgebaut und der anfänglich verhältnismäßig kleine Park durch Zukauf weiteren Geländes nach Süden hin zu einem Riesenpark zwischen den Ortschaften *Rueil*, *Bougival*, *Vaucresson* und *Garches* geworden, 7 km in der größten Nord-Süd- und 4 km in der größten Ost-West-Erstreckung. Die nördliche Hälfte dieses Geländes war in der Schlacht am Mont Valérien, am 19. Januar 1871, das Gefechtsfeld des französischen rechten Flügels. Bereits Anfang 1804 waren mehr als drei Millionen Frs in den Ausbau und die Erweiterung von Schloß und Park investiert worden.

Als Paris 1814 von den Verbündeten besetzt wurde, sah *Josephine* keinen Anlaß zu fliehen. Sie empfing in Malmaison den preußischen König und den Zaren. Der österreichische Kaiser war zu zartfühlend, sich einzustellen, aber *Josephine* fragte: »Warum? Er stößt doch nicht mich, sondern seine Tochter vom Thron!«

1814 starb *Josephine* an einer Lungenentzündung und wurde der Verlegenheit enthoben, sich auf Verhältnisse umzustellen, unter denen die regelmäßige Begleichung ihrer Etatüberschreitungen nicht mehr gesichert war.

Die »Domaine Extraordinaire«

Schon im März 1796, bei Antritt des Kommandos über die Armée de l'Italie, hatte *Napoleon* ein organisches Verhältnis der Kontributionen zu seiner Privatkasse hergestellt. Als Kaiser erhob er dieses Verhältnis zu altklassischer Vollkommenheit. Wie im alten *Rom* fielen dem Staat Aushebung, Ausrüstung, Besoldung und Unterhalt der Truppen zu, dem Feldherrn nur die Kriegsgewinne. Eine Grenze zwischen öffentlichen und privaten Finanzen bestand demnach für *Napoleon* ebensowenig wie für *Caesar*. Nur erforderte die kapitalistische Entwicklung eine fest organisierte Verwaltung des *Bonaparte*schen Hausvermögens. *Napoleon* errichtete eine Sonderverwaltung, die er 1804–1810 »Trésor des Braves« und dann »Domaine Extraordinaire« nannte.

Für den nominellen Zweck – »Schatz der Tapferen« – bestimmte *Napoleon* 1804 18 Millionen Frs, und zwar 12 für die Mannschaft, 6 für die Offiziere. Verwundete erhielten das Dreifache der Gratifikation unverwundeter Soldaten und Unteroffiziere, für den Verlust von

Händen, Armen, Füßen, Beinen wurden jährlich 100 Francs gewährt, Offiziere erhielten für ausgezeichnete Verdienste Renten bis zu 10 000 Francs.

Vor allem bereicherte *Napoleon* aus diesem Sondervermögen seine Marschälle und Minister. Er schmückte seine Dynastie mit einem neuen Adel: dazu die Titel »Herzog von Auerstädt« und »Fürst von Eckmühl«, »Herzog von Elchingen« und »Fürst von der Moskwa«, dazu die Vermögen, die er den Trägern dieser Namen stiftete, nebst den damit verbundenen Repräsentationspflichten am Kaiserhof. Vermittels der vorgeschriebenen kostbaren Hofuniform sollte der darniederliegenden *Lyoner* Seidenindustrie aufgeholfen werden.

Unter den wertvollsten Geschenken *Napoleons* an die Großen seines Reiches waren polnische Domänen: *Davoust* erhielt das »Fürstentum Lowzcz« – Wert 4,8 Millionen Frs, *Lannes* das »Fürstentum Siewierz« – Wert 2,7 Millionen Frs, Berthier die »Herrschaft Zielun« – Wert 520 000 Frs. Den Beschenkten waren die Einnahmen aus diesem Grundbesitz erwünscht. Aber nach endlosen Kriegsjahren wollten sie endlich in Paris leben. Sich fern von den Annehmlichkeiten der Zivilisation nach Polen aufs Land zu verbannen, kam ihnen nicht in den Sinn. Gern hätten sie daher ihre polnischen Riesenbesitzungen gegen bescheidenere Dotationen in *Deutschland*, beispielsweise in *Preußen* getauscht, aber die preußische Regierung war eher bereit, die Provinz *Schlesien* abzutreten als auch nur einen Teil der preußischen Domänen. Diese Weigerung war für *Napoleons* Umgebung ein Grund, ihm mit Vorschlägen zur Einziehung der verhaßten preußischen Monarchie in den Ohren zu liegen. Die Namen jener polnischen Latifundien korrekt zu schreiben oder gar auszusprechen, war deren neuen Herren natürlich nicht zuzumuten. *Lannes* beispielsweise nannte sich »Fürst von Slieve«.

Theoretisch entsprach diese Sonderverwaltung etwa dem »Ministerium des königlichen Hauses« in *Preußen*, der praktischen Bedeutung nach war sie weit gewichtiger, denn ihr unterstanden:

1. die kaiserlichen Schlösser;
2. die Staatsdomänen der Satellitengebiete;
3. die Kontributionen der besetzten Gebiete

und besiegten Staaten.

Die Staatsdomänen beschlagnahmte *Napoleon* beispielsweise in seinem Satelliten-Königreich »Westfalen«, ferner im »Herzogtum Illyrien«, das heißt den 1805 von *Österreich* abgetretenen Gebieten Dalmatien, Istrien und Krain. »Illyrien« wurde von *Marmont* verwaltet, und dieser hat in seinen Erinnerungen geschildert, wie die Landesverwaltung durch den Verlust der Domänen, insbesondere des Quecksilberbergwerks von *Idria*, ihre finanzielle Grundlage verlor. Die geringe Entfaltung von Handel und Gewerbe und die dürftige Landwirtschaft des verkarsteten Gebirgslandes boten keine anderen Staatseinnahmen dar, und dabei mußte *Marmont* unverhältnismäßig starke kroatische und slowenische Truppen unterhalten.

Ähnlich verhielt es sich im »Königreich Westfalen«, so genannt, weil es außer großen hessischen, thüringischen, hannöverschen, braunschweigischen und magdeburgisch-halberstädtischen Gebieten bei *Paderborn* und *Bielefeld* auch einen kleinen Zipfel *Westfalens* mit umfaßte. Im Kurfürstentum *Hannover* bildeten die Staatsdomänen, wie in »Illyrien« und *Polen*, die Haupteinnahmequelle des Staates. Noch vor siebzig Jahren konnte man im ehemaligen Königreich *Hannover* von alten Leuten hören, vor 1866 habe es bei ihnen »keine Steuer«, das heißt keine Einkommensteuer gegeben, weil der Staat von den Domänen leben konnte.

Die Wegnahme der Domänen im »Großherzogtum Warschau« hat entscheidend zu *Napoleons* Untergang 1813 beigetragen. Die russische Hauptarmee unter *Kutusow* hatte im November und Dezember 1812 durch Frost und vor allem durch Hunger kaum geringere Verluste als die fliehenden Franzosen und Rheinbündler, denn die Heerstraße war ausgefressen, und der Nachschub kam nicht so rasch nach, wie die Verfolger marschierten. Sie konnten ihre Offensive über die russische Westgrenze hinaus nicht fortsetzen.

Noch standen an dieser Grenze französische, Rheinbund- und verbündete Truppen, denen die russischen Verfolger nicht entfernt gewachsen waren: in Kurland das französische Armeekorps *Macdonald*, dem die 20 000 Preußen *Yorcks* angehörten; weiter südlich das sächsische Armeekorps unter *Reynier* und das österreichische unter *Schwarzenberg*. Dazu kamen die Trümmer der Großen Armee, die polnischen Depottruppen, und diese noch immer ansehnliche Macht stützte sich auf die Weichselfestungen *Warschau*, *Modlin*, *Graudenz* und vor allem das unbezwingliche, von starken, intakten Truppen besetzte *Danzig*. Selbst nach *Yorcks* provisorischer Neutralitätserklärung hätte sich die Front an der polnischen Ostgrenze, spätestens aber an der Weichsel halten lassen, wäre nicht der polnische Staat finanziell geknebelt gewesen. *Poniatowski* hatte deshalb kein Geld, um neue polnische Truppen aufzustellen oder auch nur die vorhandenen aufzufüllen. Hätte nicht *Napoleon* die wichtigsten polnischen Staatseinnahmen in seine Tasche gesteckt, so hätten sich die polnischen Aufgebote von 1813 nicht auf die knapp 16 000 Mann beschränkt, die als 8. Armeekorps (*Poniatowski*), 4. Kavalleriekorps (*Kellermann*) und Division *Dombrowski* in der französischen Ordre de bataille figurieren: sehr gute, aber sehr schwache Truppen.

Da aber keine frischen polnischen Truppen aufgestellt wurden, entschied sich der Weichselfeldzug durch den Abfall *Yorcks*, den Abmarsch *Schwarzenbergs* und die Niederlage sowie den hohen Krankenstand der Sachsen; das vierte, außerdem vorhandene, intakte Armeekorps unter *Rapp* ließ sich in *Danzig* einschließen und fiel für die Operationen aus. Die Polen zogen sich nach *Tschenstochau* und schließlich *Krakau* zurück, und sehr gegen seinen Willen wurde *Kutusow* durch das Vakuum, das er vor sich fand, bis an die schlesische Grenze gesogen, so daß der kleinmütige preußische König dem Entschluß zum Freiheitskampf nicht mehr ausweichen konnte.

Der Entschluß zum Krieg und zur Fortsetzung des Krieges wurde dem Kaiser *Napoleon* stets dadurch erleichtert, daß die Kontributionen seinem Hausvermögen zuflossen. Besonders der Entschluß zum Krieg gegen Preußen 1806 dürfte durch die Aussicht auf fette Kontributionen bestärkt worden sein. *Preußen* war nicht entfernt so wohlhabend wie *Napoleons* erster

Kriegsgegner *Italien*. Gleichwohl hat er in sieben Jahren nicht weniger als zwei Milliarden Frs (Gold) herausgepreßt: je eine Milliarde Barkontributionen und Sachleistungen (Requisitionen, Quartier, Vorspann und anderes).

Bei der Maßlosigkeit, mit der er gerade *Preußen* auspreßte, leiteten *Napoleon* zwei Sondermotive: ein unversöhnlicher Haß, den er keinem anderen Gegner widmete – dabei war *Preußen* bis 1807 der harmloseste seiner Gegner, erst *Napoleons* Erpressungen machten den preußischen Staat zu dem nächst *England* gefährlichsten seiner Feinde –, und die Berechnung, durch völlige materielle Entblößung Preußens jede nennenswerte Rüstung so unmöglich zu machen, wie ihm das unbeabsichtigt in *Polen* gelang. Auch in *Preußen* kam er seinem Ziel recht nahe. *Bernhard Schwertfegers* aktenmäßige Darstellung über *Das preußische Heer der Befreiungskriege* belegt die unvorstellbaren Schwierigkeiten, auf die die Ausrüstung und Versorgung der regulären Truppen und vollends der Landwehr 1813 stieß. Doch noch ungeheurer als *Napoleons* Erpressungen war die durch sie hervorgerufene Wut und Erbitterung. Sie entlud sich in der Erhebung von 1813 und befähigte nicht nur die Truppen und Führer zu bewunderungswürdigen Leistungen, sondern beflügelte vor allem die hinter den Truppen stehende Bevölkerung, ohne deren Opferbereitschaft die Überwindung der materiellen Mängel undenkbar gewesen wäre.

Es war kein Zufall, daß in der preußischen Armee von 1813 Eigentumsbegriffe herrschten, die denen *Napoleons* gerade entgegengesetzt waren. Ohne die in keiner anderen größeren Armee jemals wieder erreichte Strenge, womit die preußische Armee von 1813 fremdes Eigentum achtete, gleich ob im eigenen oder in Feindesland, hätte diese Armee weder aufgestellt noch im Feld erhalten werden können. Nur in *Cromwells* Muster-Armee hat die gleiche, oder sogar größere Strenge geherrscht.

Eine Darstellung, aus der sich *Napoleons* gesamte Kontributionseinnahmen ersehen ließen, fehlt bezeichnenderweise. Nur für *Preußen* liegt eine solche Berechnung vor, und auch sie ist erst 1871 von *Duncker* aufgestellt worden, um der französischen Behauptung zu begegnen, das damalige *Frankreich*, das unendlich viel größer und reicher war als *Preußen* 1807–13, werde durch eine Kriegsentschädigung »écrasiert«, die allerdings das Zweieinhalbfache der preußischen Leistungen 1806–13 ausmachte. *Bourrienne* bezeugt, allein aus den Hansestädten 100 Millionen bar herausgepreßt zu haben, und das, obgleich *Lübeck* 1806 von den Franzosen geplündert und in allen drei Städten der Handel durch *Napoleons* Kontinentalsperre zum Stillstand gebracht war.

Für die drei Kriege 1805, 1806–07 und 1809 existiert eine überschlägige Gewinn- und Verlustberechnung der »Domaine extraordinaire«:

Kontributionseinnahmen und daraus bestrittene Feldzugkosten in Millionen Frs (Gold)

Feldzug	Brutto-Kontributionen	Feldzugs-kosten	Rein-gewinn
1805	75,5	27,0	48,4
1806–07	482,8	202,1	280,7
1809	164,5	76,1	88,4

Die enorme Differenz zwischen *Preußens* Gesamtzahlungen (1 Milliarde bar) und dem Bruttoertrag des Krieges 1806–07 erklärt sich daraus, daß *Preußen* nach Friedensschluß bis Anfang 1813 weiter Zahlungen und Sachleistungen aufbrachte. Allein die Requisitionen, die Quartiergewährung und der Vorspann beim Durchmarsch der Großen Armee 1812 gingen in die Hunderte Millionen.

Ein Vergleich von *Napoleons* Kontributionsforderungen mit heutigen Größen ist kaum durchführbar. Müßte heute die Bundesrepublik 1000 Milliarden DM binnen zwei Jahren an eine auswärtige Macht zahlen, so würde das nicht so auf ihr lasten wie der Bruchteil davon, 1 Milliarde Frs, 1806–12 auf *Preußen*.

Den Reingewinn seiner Feldzüge speicherte *Napoleon* in Form von Edelmetall im Tuilerienkeller. Die von ihm entfesselten Raubkriege, in *Spanien* seit 1808, in Ost- und Mitteleuropa seit 1812, verschlangen den Goldschatz ebenso schnell, wie er zusammengeraubt worden war, und mit dem Schatz verschlangen sie die Militärmacht, die ihn zusammengeraubt hatte.

Guillemin fühlt sich durch einige Wendungen *Napoleons* an einen Diktator unseres Jahrhunderts erinnert, beispielsweise durch die Weihnachtsverkündigung 1804, er habe in Europa keine Territorialforderungen mehr, oder fünf Vierteljahre später durch die Proklamation des »Grand Empire« – wie in unserem Jahrhundert des »Großdeutschen Reichs« –, dessen Idee ihm »die Vorrsähung eingegeben« habe. Noch bemerkenswerter und verhängnisvoller ist die Übereinstimmung in dem Verhalten gegenüber England 1802 bis 1803 bzw. 1938–1939.

Die britische Friedensliebe 1802 bzw. 1938 erschien den Diktatoren lediglich als Schwäche. Allerdings war es kein Zeichen von Stärke, daß *Großbritannien* im Frieden von *Amiens* 1802 alle Übersee-Eroberungen der vorangegangenen zehn Jahre herausgab außer *Ceylon* (bis dahin niederländisch) und *Trinidad* (bis dahin spanisch), aber zuließ, daß *Frankreich* durch seine Eroberungen an Maas und Rhein, in der *Schweiz* und *Italien* gestärkt blieb. Die Kabinette *Addington* und *Chamberlain* waren schwach. Die Diktatoren übersahen, wie leicht sich britische Kabinette auswechseln lassen und daß *Pitt* beziehungsweise *Churchill* bereitstanden. 1938 wurzelte die britische Friedensliebe darin, daß man sich sehr gut an den letzten Krieg erinnerte und den nächsten nur aufnehmen wollte, wenn der Beweis seiner Unvermeidlichkeit erbracht sei.

1802 wurzelte die Friedensliebe darin, daß das britische Kapital die hohen Steuern sowie die Währungszerrüttung leid war und endlich wieder in Ruhe seine Geschäfte betreiben wollte, insbesondere die seit zehn Jahren unterbliebene Ausfuhr nach Westeuropa. Die Engländer unterstellten, der für ihre Industrie vorteilhafte Handelsvertrag von 1786 mit *Frankreich* (»Eden-Vertrag«) gelte wieder. *Napoleon* dachte anders. Durch Einfuhrverbote und hohe Einfuhrzölle schloß er die englische Einfuhr aus *Frankreich* aus und erweiterte das französische Zollgebiet durch Annexion der *Schweiz* und eines norditalienischen Gebietes nach dem anderen. Der City wurde klar, daß sie dem Frieden von *Amiens* unter unzutreffenden Voraussetzungen zugestimmt hatte. Den endgültigen Beweis dafür erbrachte *Napoleon* durch die Annexion *Piemonts* im September 1802.

Einen länger dauernden Frieden kann *Napoleon* nicht vorgesehen haben. Einige Friedensjahre wären indes für seine Überseeprojekte erforderlich gewesen. Es waren

1. die Wiederversklavung der Neger auf *Haiti* und *Santo Domingo;*
2. die Wieder-Inbesitznahme von *Louisiana:* daraus sollte eine für England unangreifbare Militärbasis Französisch-Westindiens werden;
3. die Wieder-Inbesitznahme der französischen Faktoreien in *Ostindien; Decaen* sollte sie zu einer Militärbasis ausbauen und dann von ihnen aus den Subkontinent erobern;
4. Kolonialgründungen in *Südaustralien* und *Tasmanien.*

Die französische Kriegsflotte war verfallen. Ihr vortreffliches Personal von 1791 hatte sich zerstreut, viele Schiffe waren verloren, die vorhandenen verkommen.

Sie hatten jahrelang im Hafen gelegen, Führern und Besatzungen fehlten seemännisches und kriegerisches Können. Bei *Abukir* hatte die französische Schiffsartillerie noch zwei britische Linienschiffe außer Gefecht gesetzt; bei *Trafalgar* tat *Nelson* ungestraft, als habe der Gegner überhaupt keine Artillerie. Er fiel nicht durch einen Artillerietreffer, sondern durch die Flintenkugel eines französischen Scharfschützen.

Jahre angespannter Friedensarbeit auf den Werften und in der Flotte wären nötig gewesen, um wieder den Leistungsstand zu erreichen, dem die französische Flotte ihre Erfolge im nordamerikanischen Unabhängigkeitskrieg verdankte. Beides setzte eine korrekte, tüchtige Verwaltung voraus, widersprach also *Napoleons* Neigungen. Seine Infanterierekruten kamen unausgebildet vor den Feind und wurden im Lauf eines Feldzuges zu Soldaten. Die Heeresverwaltung stahl, dennoch siegte das Heer. Was zu Lande möglich war, verlangte er auch zur See.

Wollte *Napoleon* den Frieden auch nur ein Jahr wahren, so hätte er seinen Charakter ändern müssen. Er hätte nicht in der *Schweiz* und Norditalien »jeden Tag das Haus auf den Kopf stellen« dürfen, er hätte seinen Protektionismus und seine Annexionslust zügeln müssen. Das konnte er nicht. Mithin verlor der Friede seinen Sinn für das englische Kapital. Umgekehrt verlor nach fünf Jahren der Krieg seinen Sinn für das französische Kapital, trotz *Ulm*, *Austerlitz*, *Jena*, *Friedland*, *Wagram*. *Napoleon* wollte das nicht verstehen. Er stand dem französischen Kapital als Außenseiter gegenüber – das belegen ja seine Privatgeschäfte. Das französische Kapital fand, für seine Geschäfte sei *Napoleon* nicht so nötig wie der Frieden. Das war der eigentliche Grund seines Sturzes.

Stehen Diktatoren am Kanal, und sind sie gerade an keiner anderen Front beschäftigt, so dressieren sie Seelöwen. Den Diktator unseres Jahrhunderts beschäftigte seine »Operation Seelöwe« nur sechs Wochen lang; dann zog ihn die »Operation Barbarossa« nach *Moskau*. Hingegen widmete *Napoleon* seinem *Seelöwen* zweieinhalb Jahre und erbaute Flachboote mit Ruderantrieb, die eine erste Welle von 100 000 und womöglich eine zweite von 30 000 Mann nach *Dover* und *Folkestone* übersetzen sollten.

Die Deckung dieser Transporter gegen die in und nahe der Meerenge stationierten britischen Kriegsschiffe dachte *Napoleon* französischen und spanischen Linienschiffen zu. Unter Befehl des Vizeadmirals *Villeneuve* sollten das französische Geschwader aus *Toulon* und das spanische aus *Cadiz* ausbrechen, die Engländer nach *Westindien* locken, unvermutet von dort zurückkehren, die französischen Atlantikgeschwader aus *Ferrol*, *Rochefort* und vor allem *Brest* herausholen und mit ihnen den Kanal heraufsegeln.

Wie so oft unterschätzte *Napoleon* den Gegner. Er traute der englischen Flottenführung nicht zu, sie durchschaue seinen Plan. Dabei war ihre Strategie der »inneren Linie« gerade darauf berechnet, ein solches Vorgehen wie das seinige zu vereiteln, und die Geschwaderchefs auf den Stationen kannten ihre Aufgabe in diesem System. Es waren fast ausnahmslos ausgezeichnete Admirale – der hervorragendste war *Nelson*. Aus der harten Schule der Niederlage im amerikanischen Unabhängigkeitskrieg war die englische Kriegsflotte mit einem Höchstmaß seemännischen und kriegerischen Könnens hervorgegangen, in den Fehlschlägen 1793–1796 waren die unfähigen Admirale größtenteils ausgesiebt. Als Seestratege war *Napoleon* ebenso Dilettant wie *Hitler*, und wie dieser erzielte er überraschende Anfangserfolge.

Villeneuve gelangte wirklich mit seiner französisch-spanischen Flotte nach *Westindien* und von dort, mit wenigen Tagen Vorsprung vor *Nelson*, in die *Biscaya*. Der britische Geschwaderchef vor *Ferrol*, *Calder*, war als einziger nicht auf der Höhe seiner Aufgabe, sondern gab nach einem unentschiedenen Gefecht seinem Gegner den Weg zum Kanal frei. *Villeneuve* war auf der Fahrt dorthin, da sprang am 15. August der Wind um auf Nordost. Nur bei östlicher Windrichtung konnte das Hauptgeschwader aus *Brest* auslaufen. Hielt *Villeneuve* durch, so geriet das englische Blockadegeschwader vor *Brest* zwischen zwei Feuer; im ungünstigen Fall wäre wenigstens eines der beiden französischen Geschwader in die Meerenge von *Calais* gelangt. Nur kannte *Villeneuve* zu gut die Ungeübtheit und Unzuverlässigkeit seiner Besatzungen und Kommandanten. Er glaubte nicht, ihnen bei Gegenwind in Sturmstärke die Entscheidungsschlacht zumuten zu können, sondern hielt ab auf *Cadiz*.

Die Nachrichtenübermittlung arbeitete bemerkenswert rasch. *Napoleon* hatte mit so etwas gerechnet und wußte: Dies war das Ende seines »Seelöwen«. Bereits am 24. August befahl er den Abmarsch seiner Invasionsarmee von *Boulogne* nach *Ulm*.

Villeneuves Flotte war durch das Mißverhältnis ihrer ungeheuren Mängel und ihrer ungeheuren Aufgabe zum Untergang verurteilt. Sie fand ihn neun Wochen später beim Auslaufen aus *Cadiz*, bei Kap *Trafalgar* (21. Oktober 1801).

Der Krieg gegen den englischen Handel

Sofort nach Aufgabe seines Invasionsplans faßte *Napoleon* den Plan einer indirekten Blockade *Großbritanniens* durch Schließung der kontinentaleuropäischen Häfen für britische Schiffe und Ladungen. Der Plan war nicht so undurchführbar, wie es nachträglich scheint. *Napoleon* hat im Jahre 1807 *Großbritannien* wirklich an den Rand der Niederlage gebracht. Indessen hatte *Napoleon* zunächst anderweitig zu tun, bei *Ulm*, *Austerlitz*, *Jena*, *Auerstädt*, *Danzig*, *Friedland*. Erst dreizehn Monate nach der Katastrophe von *Trafalgar*, von *Berlin* aus, in der Zuversicht, sogar die Ostsee für den britischen Handel sperren zu können, proklamierte er die Kontinentalsperre (21. November 1806). Ihren direkten Zweck hat sie nicht erreicht. Ihre indirekte Wirkung hat darin bestanden, die britische Weltwirtschaftsvormacht für 110 Jahre zu vollenden.

Herkömmlich wird die Welthandelsverfassung der Epoche 1840–1930 (Gold- bzw. Goldkern-Währung und relativer Freihandel), die den Rahmen eines bis dahin beispiellosen wirtschaftlichen Fortschritts bildete, auf *Peels* Freihandels- und Bankgesetz zurückgeführt. Aber sie ist älter. Wollte man sie überhaupt mit einem Namen verbinden, so wäre es derjenige *Nelsons*. Seine Siege haben diese Ordnung begründet; *Peel* brauchte sie lediglich noch zu regeln. Der Seekrieg

1793–1814, der in *Nelsons* Sieg bei *Trafalgar* gipfelte, fegte für ein Jahrzehnt nicht nur die französische Flagge von den Weltmeeren, sondern auch die niederländische und spanische, kurz die namhaften Konkurrenten *Englands* in den vorangegangenen beiden Jahrhunderten. Denn die *Niederlande* und *Spanien* waren damals französische Vasallen; das spanische Geschwader bildete die Hälfte der bei *Trafalgar* vernichteten Flotte.

Als zehn Jahre später der korsische Ruhestörer ausbruchssicher auf *St. Helena* verwahrt war, lag in den meisten europäischen und Überseehäfen ein maßgebender Teil des Handels in den Händen britischer Kaufleute, wurde auf britischen Fahrzeugen verschifft, durch das Akzept britischer Banken wie *Baring Bros.* oder *Barclays'* finanziert, hinter denen die *Bank of England* mit ihrem Rediskont stand, bei *Lloyds* versichert, für Stapelwaren über britische Märkte wie die *Liverpooler* Baumwollbörse abgewickelt, wurden die Preise in Pfund Sterling und die Mengen in britischen Maßen notiert, die Zahlung in britischer Währung geleistet.

Großbritannien war Fabrikant, Frachtführer, Bankier, Versicherer und Makler seiner Handelspartner, bezog von ihnen Rohstoffe, Lebens- und Genußmittel. *Peels* Freihandelsgesetz von 1846 beseitigte den systemwidrigen britischen Getreidezoll. Ausländische Kaufleute und Waren verkehrten seitdem auf dem britischen Markt ebenso ungehindert wie britische, der Weltmarkt war zu einer Abteilung des britischen Marktes aufgestiegen.

Napoleons Kampf gegen die britische Ausfuhr war ein Kampf gegen Windmühlen. Da er nie in *England* gewesen war und sich infolge seiner Vorurteile nicht über die dortigen Verhältnisse unterrichten konnte, verstand er weder Wesen und Tragweite der industriellen Revolution noch das durch sie in Gang gebrachte Wirtschaftswachstum noch die auf ihr beruhende Arbeitsteilung *Großbritanniens* mit Kontinentaleuropa und Übersee.

Daher glaubte er, der französischen Industrie durch Protektionismus – Hochschutzzoll, Einfuhrverbote, Kontinentalsperre – den Absatz der britischen zuwenden zu können, obwohl sie noch auf dem Manufakturstadium verharrte. Als er 1810 weite Gebiete Nordwestdeutschlands, bis hinauf nach *Lübeck*, an *Frankreich* annektierte, ließ er sie außerhalb der französischen Zollgrenzen: stillschweigendes Eingeständnis, daß seine Handelspolitik ein unmögliches Ziel verfolgte.

Sein wirtschaftlicher Erfahrungshorizont blieb der des italienischen Feldzugs 1796. Dort holte er aus einem wirtschaftlich hochentwickelten Land Requisitionen für ein Heer von 40 000 Mann und Kontributionen in der Größenordnung von 120 Millionen Livres. Ein gewisser Teil dieser Kontributionen ließ sich durch Auflösung vorhandener Edelmetall-Reserven aufbringen, ohne Rückgriff auf die laufende Produktion.

Der Appetit kommt beim Essen. Was einmal in bescheidenem Maßstab gelungen war, betrieb *Napoleon* 1800–1812 in ständig wachsender Größenordnung. Den preußischen Unterhändlern 1807 sagte sein Oberexekutor *Daru*: »Vous n'avez pas d'idee de ce qu'un peuple peut souffrir« – Sie ahnen ja nicht, was ein Volk alles aushält. Die spanische und preußische

Erhebung zeigte, daß ein Volk eben nicht alles aushält. *Napoleon* beging einen Doppelfehler: Ständig erhob er Maximalforderungen – er übersah den »Umschlag der Quantität in eine neue Qualität« – und unterbrach die internationale Warenzirkulation. Infolgedessen stockte der Handel, das Geld verschwand, die Wirtschaft wurde zahlungsunfähig.

Die europäische Wirtschaft beiderseits des Kanals wehrte sich gegen *Napoleons* Kontinentalsperre durch Schmuggel. Entsprechend dem Umfang und der Vielseitigkeit des Austauschs zwischen *Großbritannien* und dem Kontinent nahm der Schmuggel denkbar vielgestaltige Formen an. Die Zollbehörden konnten seiner unmöglich Herr werden. Vielerorts wollten sie es auch nicht, namentlich in Gebieten wie *Spanien*, die *Napoleon* nur indirekt kontrollierte. Der Schmuggel war wirtschaftliches Existenzerfordernis, also unvermeidbar. *Napoleon* selber machte sich die Gewinnmöglichkeiten des Schmuggels vermittels »Lizenzen« zunutze, deren Ertrag bezeichnenderweise nicht dem Schatzministerium, sondern der »Domaine Extraordinaire« zufloß. Seine eigenen Organe ließen sich bestechen: die Marschälle *Bernadotte* und *Brune*, *Bourrienne* in den Hansestädten, der französische Generalkonsul in Königsberg, *Clérambault*. Der unbestechliche *Davoust* war ein weißer Rabe.

Vor allem griff *Napoleon* zur Durchsetzung der Kontinentalsperre immer gewalttätiger, immer schikanöser, in immer ausgedehnteren Gebieten in das tägliche Leben der gequälten Kontinentaleuropäer ein.

Wo die einheimischen Zollbehörden mit dem Schmuggel nicht fertig wurden, schickte er französische Zöllner. Eine Einzelbehörde hängt in der Luft; sie braucht den Rückhalt des ganzen Staatsapparats, dessen Teil sie ist. Folgerichtig annektierte Napoleon 1810 *Holland*, *Oldenburg*, die Hansestädte; um das annektierte nordwestdeutsche Küstengebiet nach Süden administrativ zweckmäßig abzurunden, annektierte er auch gleich den Norden des Kurfürstentums *Hannover*, das er drei Jahre zuvor zu dem »Königreich Westfalen« seines Bruders *Jérôme* geschlagen hatte. *Napoleons* Prokonsul in den Hansestädten, *Davoust*, quartierte französische Truppen in Nachbargebieten »Westfalens« ein, deren Unterhaltung dem »westfälischen« Fiskus zur Last fiel, beispielsweise eine Munitionskolonne von 475 Mann mit 1049 Pferden in Rinteln.

»Wer in Westfalen eine noch so geringe kaiserliche Dienststellung bekleidet, nimmt sich gegen die westfälische Verwaltung jedes Recht heraus, schreibt bei Androhung militärischer Exekution Lieferungen aus, und wenn sich Jérôme mit noch so unbestreitbarer Berechtigung beklagt, wird der Kaiser wütend, droht und beleidigt.« (*Masson*)

Am 5. Dezember 1811 warnte *Jérôme:*

»Wenn Ihre Generäle und Beamten hier nur Unterwerfung und Schwäche sehen, täuschen sie sich und Sie. Die Gärung hat den höchsten Grad erreicht. Man begeistert sich an den verrücktesten Hoffnungen. Spanien dient als Vorbild. Sollte es zum Kriege (scil. mit Rußland) kommen, so wird das ganze Gebiet zwischen Rhein und Oder Schauplatz einer allgemeinen Erhebung.

Den Hauptgrund bildet nicht so sehr Franzosenhaß als der völlige Ruin aller Klassen, die ständig zunehmenden Steuern und Kontributionen, der Unterhalt durchmarschierender Truppen und die unausgesetzte Wiederkehr einer Unzahl Bedrückungen aller Art In Hannover, Magdeburg und den wichtigsten Städten meines Königreichs geben die Hausbesitzer ihre Häuser auf und bieten sie zum niedrigsten Preise an. Überall herrscht Elend in den Familien. Edelleute, Bürger, Bauern sind mit Schulden überladen und hoffen mit allen Fasern aufVergeltung.«

Der Krieg in Spanien

Schon zwei Jahre, ehe *Napoleon* Nordwestdeutschland annektierte, um den Schmuggel zu unterdrücken und es auszufouragieren, hatte er in Spanien dasselbe getan, mit dem Erfolg, den *Jérôme* ihm 1811 für Norddeutschland prophezeite. Vergessen war die Warnung des Brigadegenerals *Bonaparte* vom Juli 1794:

»Ein Angriffskrieg gegen Spanien, gegen eine große, von Stolz und Aberglauben beherrschteVolksmasse, ist militärisch sehr schwierig.«

Auf *St. Helena* hat *Napoleon* selbst sein spanisches Abenteuer als Fehler bezeichnet, und schon 1810

»denkt er zu klar, um sich die Bilanz zu verhehlen: 1800–1808 hat ihm *Spanien* Hunderte Millionen gezahlt und hat ihm viele Kriegsschiffe und Soldaten gestellt; dagegen hat es ihn 1808–1810 300 Millionen Francs und 300 000 Mann gekostet.

Er hat dort noch immer 160 000 (in Wirklichkeit 300 000, K.) Mann stehen und verschleißt seine besten Generäle, ohne Aussicht auf Geldertrag, denn Spanien ist abgeschnitten von der nahezu einzigen Quelle seines Reichtums: seinen amerikanischen Kolonien« (Masson), und zwar 1800 bis 1808 durch die britische Blockade, dann auch noch durch den beginnenden Abfall der spanischen Kolonien in *Südamerika*.

Seit *Drake* machten britische Kaper und Seeräuber Jagd auf spanische Schatzschiffe, *England* war Hauptrivale der spanischen Seegeltung und Kolonialmacht, der Union Jack über *Gibraltar* beleidigte den spanischen Nationalstolz. Das bewog *Spanien* 1796 zum Bündnis mit *Frankreich*, und noch 1808 hielt es daran fest. Die spanische Königsfamilie war wirklich so dumm und so niederträchtig, wie *Goya* sie porträtiert hat. In beiden Generationen war sie *Napoleon* unbedingt ergeben, ebenso der leitende Minister *Godoy*, abgesehen von einer kurzen Schwankung Ende 1806. *Napoleon* hatte sich in *Italien* und *Deutschland* angewöhnt, regierende Häuser kurzweg abzusetzen und ihre Gebiete entweder zu französischen Departements zu machen oder sie Vasallenfürsten – je nachdem aus dem Hause *Bourbon* oder *Bonaparte* – zu übergeben. Im Frühjahr 1808 kam die Reihe an *Spanien*, und zwar versetzte er seinen Bruder *Joseph* als König von *Neapel* nach *Madrid*.

Die Intervention in *Spanien* entwickelte sich schrittweise aus der gegen *Portugal*. Dieses stand seit über einem Jahrhundert in nahezu ausschließlichem Handelsaustausch mit Großbritannien. Daher konnte es sich nicht der Kontinentalsperre unterwerfen, um so weniger, als der Regent dem Moniteur« vom 7. November 1807 entnahm:

»Der Regent von Portugal verliert den Thron. Der Sturz des Hauses Braganza ist ein neues Beispiel für den Untergang derer, die sich England anschließen.«

Schon vorher hatten 28 000 Mann französischer Truppen unter *Junot* den Marsch nach *Lissabon* angetreten und erreichten es am 30. November. Dort waren sie gefährdet. Britische Truppen konnten jederzeit landen und ihnen den Rückzug abschneiden. Das geschah auch wirklich im August 1808. *Junot* mußte in *Cintra* kapitulieren, übrigens ehrenvoll, mit freiem Abzug an Bord britischer Schiffe nach *Quiberon* und *L'Orient*.

Junots Vormarsch nach *Portugal* hatte sich als weit mühseliger erwiesen als die bisherigen französischen Operationen in *Italien* und Mitteleuropa. Es stellte sich heraus, daß die vorgeschobene Abteilung in *Lissabon* ohne eine wohlorganisierte, stark besetzte Etappe in Nordwestspanien in der Luft hing. Im Verlauf eines halben Jahres vermehrten sich die französischen Truppen auf dieser Etappe und in *Neukastilien*, und im Mai 1808 erfolgte *Josephs* Erhebung zum spanischen König. Darauf erhob sich die Bevölkerung von *Madrid*.

Napoleon war das erwünscht. In *Italien* und *Ägypten* hatten ihm solche Aufstände den Vorwand zu drastischem Durchgreifen geboten. *Murat* warf den Madrider Aufstand mühelos nieder – *Goya* hat den Kampf gemalt. Doch der Madrider Aufstand war der Funke, der ins Pulverfaß fiel. Einen Monat später war ganz *Spanien* im Aufstand, allerdings nicht einheitlich, sondern jede Provinz für sich unter Leitung einer Provinz-»Junta«, in der nicht mehr aufgeklärte Hofaristokraten den Ton angaben, sondern der klerikale, reaktionäre Provinzadel. Der Klerus feuerte die Bevölkerung zu wildem Fanatismus an.

Südlich trockenes Klima, strenge Winter, schroffe Gebirge, tief eingeschnittene, mitunter cañonartige

Flußtäler, die nicht Verkehrswege bildeten, sondern Hindernisse, wirtschaftliche Unterentwicklung, mangelhafte, bei schlechtem Wetter unpassierbare Straßen, partikularistische Abschließung der Provinzen voneinander behinderten die Kriegführung beider Parteien.

Die weitgespannte Etappe von *Bayonne* über *Burgos, Valladolid, Salamanca* nach *Portugal* war ständig an manchen Stellen durch Partisanen gesperrt. Die Franzosen mußten an ihren Etappenstraßen Blockhäuser errichten, Garnisonen in jede Stadt und jedes Kloster legen, ihre Proviantkolonnen durch Infanteriebrigaden, ihre Kuriere mindestens durch Kompanien, mitunter durch Bataillone und Schwadronen schützen. Gleichwohl kam es vor, daß *Napoleon* die Meldungen seiner Untergebenen nicht im Original erhielt, sondern sie englischen Zeitungen entnahm. Die französischen Garnisonen kamen nicht ohne Gefecht aus den Toren; den mittelalterlichen Mauern der Städte und Klöster verdankten sie eine prekäre Sicherheit.

Die Bewegung größerer Verbände in Gegenwart des Feindes war unter diesen Bedingungen mitunter so schwierig, daß der Halbinselkrieg mit der Kapitulation zweier französischer Armeekorps begann: Am 22. August 1808 schloß *Junot* seine »Konvention« von *Cintra*, wie erwähnt auf freien Abzug; sechs Wochen zuvor hatte *Dupont* bei *Baylen* kapituliert. Auch ihm war Schiffstransport nach Südfrankreich zugesichert, jedoch verweigerte ihn die Junta von *Sevilla*. *Duponts* Generalstabschef berief sich auf den zugesagten Rücktransport und machte geltend: »Wir wollten die Artillerie retten.« *Napoleon:* »Ach was, nicht die Artillerie, sondern die Proviantwagen, das heißt Ihren Raub.« Er wußte, wovon er sprach. Vier Jahre später, beim Ausmarsch aus *Moskau* am 19. Oktober 1812, sah er, daß viele Proviantwagen mit geraubten Wertgegenständen statt Proviant beladen waren. *Napoleon* schritt nicht ein, obwohl ihm völlig klar war, wie ungesichert die Verpflegung war. *Junot* und seine Offiziere haben bei der Evakuierung aus *Portugal* einen Teil ihres Raubes retten können.

Die Kapitulationen von *Baylen* und *Cintra* machten auf dem Kontinent ungeheuren Eindruck: Zum ersten Mal seit fünfzehn Jahren wurden auch die Franzosen von solchen Katastrophen betroffen. Die Bedenken gegen eine Erhebung schwächten sich ab. Einerseits war *Napoleons* Anwesenheit in *Spanien* nötig, um weiteres Unheil zu verhüten. Andererseits erforderte die drohende Erhebung Österreichs seine Rückkehr nach *Paris. Napoleon* mußte seinen Spanienaufenthalt auf das letzte Vierteljahr 1808 beschränken. Er stabilisierte die französische Stellung in Nordwest- und Mittelspanien, aber das nach *Altkastilien* und *Leon* vorgedrungene britische Expeditionskorps unter *Sir John Moore* abzufangen, mißlang ihm. *Moore* entkam nach *Corunna.*

In *Spanien* gab es keine feindliche Hauptmacht, die durch einen Hauptschlag wie bei *Ulm*, *Austerlitz*, *Jena* und *Auerstädt*, *Friedland*, *Wagram* niederzuwerfen war. Das in *Italien* und Mitteleuropa erprobte Verfahren *Napoleons* war in *Spanien* nicht anwendbar. Seine strategischen Grundsätze stimmten. Er hätte sein strategisches Verfahren in *Spanien* entsprechend den dortigen Bedingungen abwandeln müssen. Aber das hätte geduldige Fürsorge für Verpflegung und rückwärtige

Verbindungen, Schonung von Bevölkerung und Landeskultur, korrekte Verwaltung erfordert, widersprach also seinen Neigungen.

Nach dem erneuten Sieg über *Österreich* 1809 unternahm *Napoleon* zwar eine wohlvorbereitete Offensive gegen die Hauptwurzel des Widerstandes auf der iberischen Halbinsel, *Lissabon*, und zwar mit so bedeutenden Kräften, daß sie als ausreichend gelten durften, mit systematischem Vormarsch und jeder nur möglichen Fürsorge für den Nachschub. Aber als seine Hauptaufgabe betrachtete er die Kontrolle der besiegten europäischen Mächte, die Leitung der Kontinentalsperre sowie die Gründung und Befestigung seiner Dynastie: Heirat mit einer Erzherzogin, Taufe des »Königs von Rom«, Ausbau der Familienbindungen zu *Bayern*, *Württemberg*, *Baden*, den zur Durchführung der Kontinentalsperre für erforderlich gehaltenen Territorialumsturz in *Holland* und *Nordwestdeutschland*. Für all das schien ihm seine Anwesenheit in *Paris* unerläßlich.

Also übertrug er die Operation gegen *Lissabon* demjenigen seiner Marschälle, der soeben erst, nach der Niederlage bei Aspern, seine Elastizität und Unbeugsamkeit bewiesen hatte: *Masséna*. Dieser brachte wirklich nach halbjährigem, siegreichem Vormarsch noch fast 65 000 Mann vor die Linien von *Torres Vedras*, aber bei deren Anblick, am 10. Oktober 1810, gelangte er zu dem gleichen Urteil wie ihr Erbauer *Wellington:* mit weniger als 100 000 Mann sei der Angriff darauf aussichtslos. Zu *Wellingtons* Staunen behauptete er sich länger als zwei Monate vor diesen Linien, trotz verbrannter Erde und unzureichenden Nachschubs.

Er setzte voraus, die Marschälle *Soult* und *Bessières* würden ihm Verstärkungen senden, denn in seinem Frontabschnitt fiel die Entscheidung. Das sah keiner von beiden ein. Kameradschaftliche Hilfe kannten *Napoleons* Marschälle nicht. Von der Niederlage des Nebenmanns erhofften sie einen Karrierevorteil für sich selbst.

In seinem Kommentar zu der Schlacht auf den Spicherer Höhen, am 6. August 1870, wundert sich *Moltke*, daß keines der drei französischen Armeekorps, die dicht hinter dem angegriffenen 2. Armeekorps standen, diesem zu Hilfe kam, während die preußischen Truppen auf den Kanonendonner marschierten. Für deren Kommandeure war kameradschaftliche Hilfe selbstverständlich. Bei ihren französischen Gegnern hingegen herrschte noch die napoleonische Tradition. 1813–1814 wurde *Soult* von *Suchet* ebenso im Stich gelassen, wie er selber 1810 *Masséna* im Stich gelassen hatte. *Napoleon* hielt an *Soult* fest, trotz dessen Treulosigkeit.

Er brach das Rückgrat seiner Heere in *Spanien* durch Zersplitterung des Kommandos. Fürchtete er, ein siegreicher Marschall könne ihm zum Rivalen werden wie *Bernadotte* und *Murat*? Diese beiden begünstigte er dennoch – sie gehörten ja zur Familie. *Napoleon* errichtete in *Spanien* sechs Militärgouvernements: das an Streitkräften schwächste (»Zentrum«) unter seinem Bruder *Joseph*, die anderen fünf unter französischen Marschällen oder Generälen, die von *Joseph* keine Befehle annahmen und sogar die Staatseinnahmen selbst erhoben.

»Wie in früheren Feldzügen glaubte Napoleon, die laufenden Ausgaben durch Kontributionen der besetzten Gebiete decken und darüber hinaus der Domaine Extraordinaire Sondereinnahmen verschaffen zu können ... Aber er mußte auf das Schatzministerium zurückgreifen und erschöpfte es ...

(König Joseph) ist beschränkt auf Neukastilien ... In seinen Provinzen schalten die Generäle, geben Gesetze, erheben die Staatseinnahmen ... und nutzen ihre Stellung aus (scil. zur eigenen Bereicherung). Ebenso auf allen Stufen der Hierarchie, sobald einem Offizier auch nur ein Zipfelchen der Macht übertragen wird ... Zwar bemühen sich einige Gouverneure um gute Verwaltung, stellen den inneren Frieden her, führen nützliche Einrichtungen ein. Aber die meisten frönen ihrer Willkür und abstoßenden Habgier, einer vor keinem Verbrechen zurückschreckenden Genußsucht, völliger Verachtung menschlichen Lebens, blindem Haß auf alles, was nicht französisch ist.

Wird ein aus den Listen gestrichener Offizier wieder eingestellt, so überträgt man ihm ein Kommando in Spanien. Diese Leute sind der Abschaum der Armee ... In dem weitgespannten Gebiet klappen die Nachrichtenverbindungen nicht. Die Operationen werden durch widersprechende Befehle gelähmt. In Gebieten, die schon nahezu befriedet sind, lebt der Partisanenkrieg wieder auf. Die französischen Garnisonen werden eingeschlossen, keine Abteilung kommt mehr ohne Gefecht heraus...« (*Masson*)

Napoleons Oberleitung aus der Ferne war unwirksam. Er wurde spät und unvollständig informiert. Eine wirksame Kontrolle hatte er nicht. Die Militärgouverneure wußten das, es paßte ihnen. Entscheidende Informationen enthielten sie ihm vor. Die französischen Teilstreitkräfte in *Spanien* waren wiederholt dem Endsieg nahe, aber infolge der Kräftezersplitterung entging er ihnen, obwohl die spanischen und britischen Führer mit ähnlichen Schwierigkeiten zu kämpfen hatten. Letzten Endes aber standen hinter den spanischen Aufständischen die britische Flotte, das britische Schatzamt – obwohl dessen Möglichkeiten überaus beschränkt waren, nicht zum wenigsten infolge der Kontinentalsperre – und vor allem das britisch-portugiesische Expeditionskorps unter *Wellington*, der sich durch die verlorenen Feldzüge 1809 und 1811 nicht entmutigen ließ, sondern durchhielt.

Den Gipfel seines spanischen Widersinns erklomm *Napoleon* im Januar 1812. Er erließ ein Dekret mit dem Einleitungssatz »Katalonien wird mit dem französischen Kaiserreich vereinigt«, unterteilte diese spanische Provinz in vier französische Departments und ernannte deren Verwaltungsbeamte. Bei der Publikation des Dekrets strich er den Einleitungssatz, so daß die neu ernannte Zivilhierarchie nicht dem Pariser Innenministerium, sondern den beiden Militärgouverneuren unterstand, *Decaen* für den Nordosten (*Gerona, Puigcerda*), *Graf Reille* für den Südwesten (*Barcelona, Lerida*).

»Die Beamten wurden von den Katalanen mit offenen Armen und dem Ausdruck der Verachtung für die Generäle aufgenommen ... Aber sofort eröffneten die Kriegskommissare ... die Feindseligkeiten ...

Der neue Präfekt von Gerona, Roujoux, hatte Klage geführt über Ausschreitungen der Artillerie. General Prost kam in Roujoux' Amtszimmer mit gezogenem Säbel und drohte ihn niederzumachen, falls er noch einmal seine Soldaten denunziere ... Danach gab es gegen den allseits verübten Raub keine Abhilfe mehr ... Dörfer wurden geplündert, friedliche Einwohner verhaftet und gehängt... Die Stadt Olot (NW Gerona) war völlig ruhig ... Dort fiel ein Schuß, angeblich auf einen Marodeur. Nach Angabe der Zivilbehörden hatte der Marodeur den Schuß selbst abgegeben. General Decaen nahm diesen Schuß zum Vorwand, um mit 10 000 Mann einzumarschieren, die Stadt für eine Stunde zur Plünderung freizugeben und ihr eine Sonderkontribution von 60 000 Francs nebst Lieferung von 120 000 Rationen aufzuerlegen. Als Decaen nach Puigcerda zurückkehrte, protestierte bei ihm der Intendant Gérando ... Decaen antwortete so grob und beleidigend, daß nur die Selbstbeherrschung dieses klugen Beamten eine verhängnisvolle Wendung verhinderte! Der ... Präfekt meldete, er sehe keine Möglichkeit, seine Funktionen wahrzunehmen. Er wolle nicht der Spott der Armee sein, sondern reise ab.

Solche Obstruktion leistet das Militär einer vom Kaiser eingesetzten Verwaltung, deren leitende Beamte ... sich unmittelbar an den Monarchen wenden können. Danach kann man sich vorstellen, wie die Generäle mit der Verwaltung König Josephs umgehen. Sind dessen Beamte Franzosen, so werden sie von den französischen Offizieren mit Verachtung behandelt. Sind sie Spanier, so betrachtet man sie als Besiegte. Ihre Beschwerden finden in Paris ebensowenig Gehör wie die ihres Monarchen.« (*Masson*)

Wie erinnert das an »das Rudel der Reichsleiter und Gauleiter, die alle danach strebten, sozusagen ›exempt‹ und keinem anderen als Hitler verantwortlich, also ... unabhängig zu sein«, sowie an ihr »brutales Auftreten bei Fehlen klarer Grundvorstellungen; Ahnungslosigkeit ..., daß nur der ›Herr‹ sein kann, der auch etwas zu geben, nicht nur auszuplündern hat!« *(Markull)*
Napoleon verdrängte zweierlei:
1. die Unausweichlichkeit, mit der die von ihm in *Spanien* installierte Anarchie zur Niederlage führte,
2. daß er einen Ausweg hatte, bei dem er das Gesicht wahrte: die Übergabe der spanischen Krone an den bourbonischen Thronfolger *Ferdinand VII.*, den er auf *Talleyrands* Schloß Valençay interniert hielt, und der nichts Besseres verlangte als eine *Bonaparte*-Prinzessin zur Frau und die Krone von *Napoleons* Gnaden.

Napoleon und *Joseph* erwogen diese Alternative ständig, konnten sich jedoch nicht entschließen: *Joseph,* weil er vom Pech verfolgt war, *Napoleon*, weil er sich bereits als Herr über *Spanien* sah: er glaubte, sein Sieg über *Rußland* werde die Kontinentalsperre wasserdicht machen und *Englands* wirtschaftlichen Zusammenbruch herbeiführen. Dann falle die britische Finanzhilfe für die spanische Erhebung fort, und der spanische Widerstand werde ausgezehrt.

Wellington urteilte richtiger. Anfang 1809 meldete er, mit 30 000 Mann britischer Truppen könne er sich in *Lissabon* halten, falls es von nicht mehr als 100 000 Franzosen angegriffen werde. Daß *Napoleon* eine derartige Masse gegen *Lissabon* vereinigen könne, war höchst unwahrscheinlich. Je weiter er seine Okkupation auf der Halbinsel ausdehnte, desto schwächer wurde er an jedem einzelnen Punkt, und die Erfahrung lehrte: »Auf der Halbinsel waren starke Heere zum Verhungern, schwächere zur Niederlage verurteilt.«

Statt *Lissabon* hätte auch *Cadiz* als unangreifbare Basis der britischen Expedi*tionsarmee* dienen können. Nur war auf gedeihliches Zusammenwirken mit damaligen spanischen Militär- und Zivilbehörden nicht zu rechnen, wie die Erfahrung von 1809 bestätigte. Es wurde erst möglich, als die britischen Hilfsgelder für die spanischen Behörden ausschließlich durch *Wellingtons* Kriegskasse flossen. Dagegen konnte *Wellington* – trotz widerstrebender portugiesischer Minister – die portugiesische Verwaltung kontrollieren und portugiesische Truppen aufstellen. Es waren

1. 30 000 Mann reguläre Truppen: Diese mischte er unter seine britischen Verbände, und nach einiger Zeit waren sie ebenso zuverlässig wie britische Truppen;

2. 20 000 Mann zweiten Aufgebots (»Miliz«): Diese legte er als Besatzung in die Schanzen von *Torres Vedras*. Mit der Feldarmee beabsichtigte er eine bewegliche Verteidigung – seine Schanzen bei *Torres Vedras* waren Einzelwerke, keine starre Maginotlinie;

3. hinter den französischen Linien der nicht uniformierte Landsturm (»ordenanza«): Dieser wurde im letzten Vierteljahr 1810 der Armee *Massénas* sehr lästig durch Störung des Nachschubs sowie Aufhebung von Versprengten und kleineren Kommandos. Er hat *Scharnhorst* das Vorbild zu dessen Landsturmverordnung geliefert.

Die dünne Besiedlung gestattete *Wellington*, nördlich und vor allem nordöstlich der Linien von *Torres Vedras* »die Erde zu verbrennen«. In diesen Linien sperrte er den Zugang zu seiner Operationsbasis: der Halbinsel von *Lissabon*.

Ihre in den napoleonischen Kriegen einmalige Widerstandskraft verdankten die britischen Truppen ihrer menschensparenden, defensiven Fechtweise. Die britische Linieninfanterie focht in Linie zu zwei Gliedern. Sie wählte gut gedeckte Stellungen und lag dort, beispielsweise bei *Waterloo*, hinter einer kilometerlangen Geländewelle, hinter der die übermächtige französische Artillerie nur zufällig etwas traf. Griffen die französischen Sturmkolonnen an, und schwieg das französische Geschützfeuer, so stellte sich die britische Infanterie auf, wartete schweigend, bis der Gegner auf hundert Schritt oder weniger heran war, und schleuderte mehrere Salven in das nicht mehr zu verfehlende Ziel. Dann drei Cheers! Nach dem dritten saßen die britischen Soldaten dem weichenden Gegner mit dem Bajonett in den Rippen.

In der Regel wartete die französische Infanterie den Zusammenstoß nicht ab. *Waterloo* war die Ausnahme. Dort bestand sie aus freiwilligen Veteranen von bewunderungswürdigem Durchhaltevermögen. Dort gab es mörderischen Nahkampf auf engstem Raum. *Stendhals* Schilderung der Schlacht in der *Kartause von Parma* trifft auf die Schlacht bei *Bautzen* zu, die *Stendhal* mitgemacht hat, aber nicht auf *Waterloo*.

Die französischen Generäle leiteten den Angriff von hinten und konnten so die Schlacht nur begrenzt übersehen. Reynier im Gefecht bei *Maida* (Calabrien) 1806 war der erste französische Kommandeur, der in dieser Weise abgewiesen wurde. Die fluchtartige Umkehr seiner Sturmkolonnen schob er auf deren schwächere »Moral«; der britischen Infanterie schrieb er festere »Moral« zu. Das blieb sechzig Jahre hindurch feststehende französische Militärmeinung.

Bei *Waterloo* ritten zwar *Ney* selbst und seine Generäle an der Spitze ihrer Kolonnen. Aber sie hatten die Bataillone nicht nebeneinander gestellt, sondern divisionsweise hintereinander: Jede Division bildete einen Block von 180 Mann Frontbreite und 36 Gliedern Tiefe. Im Augenblick des Zusammenstoßes mußten sie die Truppe aus dieser unbehilflichen Formation entwickeln, hatten also kein Auge für die perfekt eintrainierten Exerziergriffe der Engländer.

Daraus erklärt sich das scheinbar Unbegreifliche, daß die militärische Öffentlichkeit *Frankreichs* erst durch *Trochus* Buch *Die französische Armee im Jahre 1867* über die Fechtweise der britischen Infanterie in den napoleonischen Kriegen unterrichtet wurde. *Trochu* versetzte ihr einen – übrigens zunächst verdrängten –

Schock, indem er den damaligen Verfall der französischen Armee nachwies. Er veröffentlichte aus dem Nachlaß des Marschalls *Bugeaud* dessen Darstellung des britischen Infanteriereglements im Halbinselkrieg. *Bugeaud* hatte diesen Krieg als französischer Bataillonskommandeur mitgemacht. Aus *Trochus* Buch ist *Bugeauds* eindrucksvolle Schilderung in die britische Militärliteratur übergegangen; man findet sie beispielsweise in der *Cambridge Modern History*. Das hinhaltende Gefecht bis zum französischen Sturmangriff »nährte« die britische Armee mit verhältnismäßig starker leichter Infanterie und der Feldartillerie. Für ihre vorwiegend defensive Aufgabe brauchte diese nicht stark zu sein. Die geringe Stärke von Feldartillerie und Kavallerie hielt den Bedarf an Fourage niedrig: ein strategischer Vorteil auf dem armen spanischen Kriegsschauplatz.

Natürlich hatte die Schwäche der britischen Artillerie auch Nachteile. 1811 wurde *Wellington* selber vor der Festung *Ciudad Rodrigo*, sein Stellvertreter *Beresford* vor *Badajoz* in Ermangelung eines ausreichenden Belagerungsparks abgewiesen. Daher versammelte er Ende 1811 unauffällig in *Almeida* einen genügenden Belagerungspark. Der ihm gegenüberstehende Divisionskommandeur *Thiébault* erfuhr es, aber dessen Vorgesetzte, *Marmont* und *Dorsenne*, hielten die Meldung darüber für Wichtigtuerei. Anfang 1812 näherte sich *Wellington* überraschend, und ehe *Marmont* dessen Vormarsch erfuhr, nahm *Wellington Ciudad Rodrigo* durch abgekürztes Belagerungsverfahren, bald darauf in gleicher Weise *Badajoz*.

Dann machte sich *Wellington* die Eifersucht zunutze, womit Soult die ihm unterstellten französischen

Truppen in seinem Vizekönigreich *Andalusien* festhielt. In der – zutreffenden – Erwartung, sie werde nicht von Süden unterstützt, führte er alles Verfügbare gegen die französische Nordwestfront. Sein Sieg bei *Salamanca* schwächte die französischen Heere in *Nordwest-* und *Mittelspanien* entscheidend, so daß sich *Soult* nicht mehr im Süden halten konnte.

Bis zur Schlacht bei *Salamanca* zählten die Franzosen in *Spanien* rund 300 000, danach noch etwa 250 000 Mann. Anfang 1813 zog *Napoleon* ungefähr 50 000 Mann zur Neuaufstellung seiner »Großen Armee« in Deutschland ab. Mit nur noch rund 200 000 Mann waren seine Heere auf der Halbinsel den allgegenwärtigen spanischen Partisanen, den kleineren spanischen Korps in *Katalonien, Valencia, Aragon, Navarra, Galicien, Asturien* sowie der durch reguläre spanische Truppen auf 80 000 verstärkten Armee *Wellingtons* nicht mehr gewachsen. Durch seinen Sieg bei *Vitoria* (21. Juni 1813) fegte *Wellington* die Franzosen endgültig von der Halbinsel. Daß sich Ende 1813 *Suchet* noch in der äußersten Nordostecke *Spaniens* hielt, war für die Franzosen höchstens ein Nachteil. Denn so schwach sein Armeekorps war: jedenfalls fehlte es bei den Entscheidungskämpfen in den *Westpyrenäen*, am *Adour* und bei *Toulouse*. Die ihm gegenüberstehenden Streitkräfte waren spanischer Landsturm, der nur zum kleinsten Teil außer Landes hätte geführt werden können.

1812 bei seinem Zug nach *Rußland* ließ *Napoleon* den unbesiegten britischen Gegner im Rücken. Ihm entging, daß er die britische Vormachtstellung vollendete und daß sein Einfall nach *Spanien* dazu wesentlich beitrug: er bewirkte den Abfall der spanischen Kolonien in Lateinamerika und trieb sie unter britische Handelskontrolle. Zunächst einmal hörte die Zufuhr amerikanischer Kolonialwaren und Edelmetalle nach *Spanien* auf. Infolgedessen war für *Napoleons* »Domaine Extraordinaire« dort nichts zu holen – im Gegenteil: Sie mußte für den Spanienkrieg Zuschüsse leisten. *Ouvrards* größter Schwindel beruhte auf der Vorspiegelung, dank seiner Londoner Verbindungen könne er mexikanisches Silber durch die britische Blockade bringen.

Zwist im Hause Bonaparte

Cromwell ist wiederholt geraten worden, er solle sich zum König krönen lassen. Aber anders als *Napoleon* war *Cromwell* als revolutionärer Führer emporgekommen und versuchte das zu bleiben; erst dann war er militärischer Führer geworden. Die Diktatur war ihm gegen seinen Willen zugefallen, weil das Presbyterianer-Parlament den Kompromiß mit der Armee und dem von ihr vertretenen revolutionären Kleinbürgertum verweigerte. *Napoleon* sagte voraus, in fünfzig Jahren werde Europa republikanisch oder kosakisch sein, wußte also, daß die Monarchie zum Anachronismus wurde. Doch als Parvenü konnte er der Versuchung nicht widerstehen.

Bei der Begründung der Dynastie *Bonaparte* bildete die real existierende Familie *Bonaparte* ein Haupthindernis. Noch als Konsul sagte *Napoleon* zu *Roederer:*

»Bei Marengo fürchtete ich vor allem: einem meiner Brüder könne meine Nachfolge zufallen, falls ich fiele.«

Ihm war bekannt, daß man sich für den Fall seines Todes verschwor, und daß ihm die ernsteste Gefahr nicht einmal von österreichischen Kanonenkugeln drohte, sondern von den Pistolenkugeln und Bomben royalistischer Verschwörer. Er wußte auch, daß von seinen Geschwistern lediglich seine Schwester *Elisa*, die er nachmals zur Großherzogin von *Toskana* machte, das Zeug zum Monarchen hatte; seinen Schwägern *Murat* und *Bernadotte* mißtraute er vollends. Parvenüstreben und korsischer Familiensinn siegten indes über seine Einsicht.

Über das falsche Spiel seiner Brüder während seines Ägyptenfeldzuges war er unterrichtet. Gleichwohl machte er *Lucien* nach dem Staatsstreich zum Innenminister; denn dieser hatte als Parlamentspräsident Anteil am Staatsstreich gehabt. Jedoch war *Lucien* zu konstruktiver Mitarbeit an dem Riesenwerk der staatlichen Reorganisation außerstande; er widmete sich vornehmlich der Agitation, und zwar so tolpatschig, daß ihn *Napoleon* auf einen Botschafterposten nach *Spanien* abschieben mußte, den er übrigens verschwenderisch dotierte. *Lucien* machte sich auch in *Spanien* unmöglich.

Joseph fungierte zunächst als gleichfalls wohldotierter Grüßgottdiplomat. Er durfte die Friedensverträge mit den *USA*, *Österreich*, *England* und der Kirche unterzeichnen, den amerikanischen auf seinem Schloß Mortefontaine, das Konkordat mit der Kirche in seinem Stadthaus, dem Hôtel Marbeuf. Damals erhielten die Unterzeichner von der Gegenpartei Geschenke im Wert von 20 000 bis 50 000 Francs – ein angenehmes Zubrot zu *Josephs* dienstlichen Bezügen.

Diese scheinen dennoch nicht gereicht zu haben. Da *Joseph* von seinen Verhandlungen mit *Österreich* in *Lunéville* ein Steigen der französischen Staatsrente erwartete, spekulierte er auf Kredit. Leider hatte es auch andere Haussiers gegeben, und als man die Gewinne realisieren wollte, fiel der Kurs. *Joseph* verlangte vom ersten Konsul, aus der Staatskasse saniert zu werden. *Napoleon* fand, das gehe zu weit, und fragte *Talleyrand* um Rat. Der fragte: »Was weiter?« und schlug eine kleine Sonderzahlung an die Amortisationskasse vor. Dann würden die Kurse steigen und *Joseph* glattstehen.

Bei seiner Kaiserkrönung 1804 erhob *Napoleon* seine Brüder, Schwestern und Schwäger zu kaiserlichen Prinzen und Prinzessinnen mit je einer Million Francs jährlich, *Joseph* außerdem zum Grand Electeur und *Louis* zum Connétable mit je einer zusätzlichen Drittelmillion.

Von 1805 an beförderte er Brüder, Schwestern und Schwäger zu Vasallenkönigen, mindestens Großherzögen, zuerst *Murat* zum Großherzog von Berg; 1808 stieg *Murat* weiter auf zum König von *Neapel*, als Nachfolger *Josephs*, der als König nach *Madrid* versetzt wurde, *Louis* wurde König von *Holland*, *Jérôme* trennte sich befehlsgemäß von seiner nordamerikanischen Frau und erhielt als zweite eine württembergische Prinzessin nebst dem Königreich »Westfalen«. *Lucien* verweigerte die auch ihm befohlene Trennung von seiner zweiten Frau und disqualifizierte sich dadurch als König von *Spanien*, wozu er ausersehen war – statt seiner erhielt *Joseph* dieses dornige Diadem. Vor Annahme seiner ersten Königsstelle in *Neapel* hatte *Joseph* so viel Schwierigkeiten gemacht, daß sein Kriegsminister von *Napoleon* zu hören bekam:

»Brüderliche Gefühle muß ich der Staatsräson unterordnen. Als Verwandten kann ich nur anerkennen, wer mir dient. Joseph darf sich nicht einbilden, wir stünden noch wie in unseren Kindertagen miteinander. Er muß sich Achtung und Ruhm verschaffen. Wenn ihm ein Bein abgeschossen wird, hat er meinen Respekt. Notfalls darf er auch Strapazen nicht scheuen. Nur dadurch wird er etwas, nicht wenn er in Mortefontaine Hasen schießt.« (Zitiert nach *Masson*)

1808 wurde Joseph nach *Bayonne* befohlen und dort zu seiner Überraschung zum König von *Spanien* erhoben. In dieser aussichtslosen Stellung reichte er von Zeit zu Zeit seine Demission ein, meinte sie allerdings nicht ernst – wie sie *Napoleon* auch nicht ernst nahm. *Napoleons* willkürliche Eingriffe in die von ihm geschaffenen Königreiche *Spanien*, *Holland* und »Westfalen« ließen keine ordnungsgemäße Verwaltung zu. Er verlangte von diesen Königen Verzicht auf Selbstachtung, als bescheidene Bedingung ihrer Zwangsbeglückung. *Louis* war zu diesem Opfer nicht bereit, sondern floh 1818 nach Österreich. Im gleichen Jahr floh auch Lucien. Er wollte in die *USA;* da ihn die Engländer nicht dorthin ließen, wählte er *England* als zweitbestes Exil.

Ferner betrieb *Napoleon* die eheliche Verbindung der Dynastie *Bonaparte* mit den europäischen Fürstenhäusern. Das Projekt einer Heirat des spanischen Thronfolgers *Ferdinand* mit einer Tochter *Luciens* haben wir erwähnt. *Jérômes* Verbindung mit einer

Württembergerin war nicht so wichtig wie eine Heirat mit der wichtigsten Rheinbunddynastie, dem Hause *Wittelsbach*. Dafür griff Napoleon in Ermangelung eines heiratsfähigen *Bonaparte* auf seinen Stiefsohn *Eugen Beauharnais* zurück; auf kaiserlichen Befehl verzichtete Prinzessin *Augusta von Bayern* auf ihren badischen Verlobten und heiratete *Eugen*. Der verlassene Badener wurde gleichfalls mit einer *Beauharnais* abgefunden, *Eugens* sehr entfernter Cousine *Stephanie*.

Als *Lucien* noch Botschafter in *Madrid* war, hatte er seinen großen Bruder *Napoleon* mit einer Infantin verheiraten wollen – das wäre ein schöner Trick gewesen, um *Josephine* loszuwerden. Zur Trennung von dieser entschloß sich Napoleon indessen erst 1808–1809 und faßte zunächst eine sächsische Braut ins Auge, dann eine Großfürstin. Zar und Zarenmutter behandelten *Napoleons* Antrag dilatorisch, aber *Napoleon* brauchte einen legitimen Sohn sofort und heiratete 1810 die österreichische Prinzessin *Marie-Louise*, die ihm denn auch 1811 den Thronerben gebar.

Sobald die militärische Lage es gestattete, erklärten sämtliche verschwägerten Häuser *Napoleon* den Krieg, von Schweden bis Neapel. *Marie Louise* hielt sich seit April 1814 von ihm fern, mitsamt dem kleinen »König von Rom«.

Murat sagte 1812 zu *Bourrienne:*

»Gegen wen ist er denn nicht undankbar? Seine Ungnade ist besser als seine Gunst; die muß man zu teuer erkaufen. Er sagt, er habe uns zu Königen gemacht. Aber wer hat ihn zum Kaiser gemacht, wenn nicht wir? ... Mein Degen, mein Blut, mein Leben für den Kaiser! Auf dem Schlachtfeld ... gegen seine und Frankreichs Feinde, da bin ich wieder Marschall des Kaiserreichs.

Mehr darf er aber nicht verlangen. In Neapel will ich König von Neapel sein. Ich gebe mich nicht dazu her, seinen Rechenfehlern das Leben, den Wohlstand, die Interessen meiner Untertanen aufzuopfern. Mich darf er nicht wie Louis behandeln! Nötigenfalls verteidige ich auch gegen ihn die Rechte des Volkes, dessen Regierung er mir übertragen hat.«

Napoleon kannte die Gedankenrichtung seines Schwagers. Er sagte, ebenfalls zu *Bourrienne:*

»Warum freut er sich nicht, daß er König ist? Er ist selber schuld! Warum betrachtet er sich als Neapolitaner? Warum nicht als Franzose? Ist er in seinem Königreich, so macht er nur Dummheiten. Er will den Handel mit England, aber daraus wird nichts.«

Zu den gröbsten Mißgriffen in *Napoleons* Familienpolitik gehörte, daß er *Murat* den Oberbefehl übertrug, als er am 5. Dezember 1812 in *Smorgonj* die Trümmer seiner Armee verließ. Die Aufgabe erforderte eine Charakterfestigkeit, die er nicht bei *Murat* voraussetzen durfte. Die ohnehin verzweifelte Lage der täglich zusammenschwindenden Armee wurde durch die Entmutigung ihres Führers noch trostloser. Fünf Wochen später floh *Murat* nach *Neapel* und übergab das Kommando dem Vizekönig von *Italien, Eugen Beauharnais.*

Dies war der einzige Verwandte *Napoleons*, der nach Charakter und Begabung den ihm gestellten Aufgaben gewachsen war. Als Vizekönig von *Italien* hatte er sich als loyal, praktisch, gelassen und umsichtig erwiesen. Er war ein anständiger Mann. Seine Aufgabe im Januar bis April 1813 war extrem schwierig. Die moralisch wie gesundheitlich und materiell erschütterten Trümmer der Großen Armee waren im Krieg gegen Rußland von Kosaken umschwärmt. Stärke und Marschrichtung der dahinter marschierenden russischen, dann auch preußischen Truppen zu erkennen, war nicht leicht. Die Bevölkerung war in *Polen* gleichgültig, in *Preußen* feindlich. Der strenge Winter, in *Polen* außerdem die mangelhaften Wege behinderten alle Verbindungen. Den Fouragekommandos drohte Aufhebung. jeden Tag konnte *Preußen* losschlagen. Verstärkungen kamen zunächst nur tropfenweise. Erst Ende April bei *Magdeburg* verfügte *Eugen* wieder über drei frische Armeekorps von je etwa 20 000 Mann und die ersten 500 Reiter des 1. Kavalleriekorps, die »Elbarmee«, mit der er in der Schlacht bei *Großgörschen*, am 2. Mai 1813, den linken Flügel bildete. Eine Woche später, am 9. Mai, wurde *Eugen* von seinem Stiefvater nach *Italien* zurückgeschickt, um dort neue Truppen aufzustellen und es gegebenenfalls gegen Österreicher, Engländer und *Murat* zu verteidigen.

Diese Aufgabe war nicht ganz so undankbar wie die in Ostdeutschland Anfang 1813. Im Herbst 1813 wurde *Eugen* in *Kärnten*, *Krain* und *Istrien* von Stellung zu Stellung zurückgedrängt. Die Bevölkerung betrachtete auf dem östlichen Teil dieses Kriegsschauplatzes das Haus *Österreich* als angestammten Herrn, die österreichischen Truppen und Führer waren dort zu Hause, sie waren im Gegensatz zu ihren französischen und italienischen Gegnern Gebirgsbewohner, sprachen Deutsch und, wenn nicht Slowenisch oder Kroatisch, doch verwandte südslawische Sprachen. Zudem wurden sie geschickt und entschlossen geführt. Auf diesem Kriegsschauplatz war noch die österreichische Tradition der Türkenkriege lebendig. Ende 1813 umgingen die Österreicher die Armee *Eugens* durch das Pustertal und griffen an Etsch und Mincio an. Dort hielt sich *Eugen* noch bei Kriegsende 1814. Die Anerbieten der Verbündeten, ihm sein bisheriges Vizekönigtum als Königreich zu überlassen, wenn er sich gegen *Napoleon* erkläre, wies er höflich ab.

Napoleons Erfahrungen mit dem Vasallen-Königreich »Westfalen« waren ähnlich ungünstig wie mit *Neapel.* Während 1813 die übrigen Rheinbundtruppen den König von *Sachsen*, *Bayern* und *Württemberg*, den Großherzog von *Baden* und *Hessen-Darmstadt* als angestammten Herrn betrachteten, auch wenn sie ihnen erst seit 1805, 1807 oder 1809 gehörten, und *Napoleon* folgten, solange das ihre Fürsten taten, wußte *Napoleon*, daß er den westfälischen Truppen nicht trauen konnte. Als die 16 000 Mann starke westfälische Division in *Dresden* Mitte Mai 1813 zur Großen Armee stieß, verteilte er sie daher auf die Festungsbesatzungen *Torgau* und *Dresden* (7 Bataillone, 1 Batterie) – da konnten sie nicht desertieren –, auf das 2., 11., 12. Armeekorps und die Division *Girard.* Bei Ablauf des Waffenstillstands Mitte August ging wirklich Oberst *v. Hammerstein* mit vier von seinen sechs Schwadronen zu den Österreichern über; *Napoleon* nahm den verbliebenen sechs westfälischen Schwadronen die Pferde weg. Anfang Oktober 1813 erschien *Tschernytschew* mit 2000 Kosaken vor *Kassel.* Die dortige Garnison bestand aus Depottruppen. Sie war den Kosaken überlegen, aber der Führer traute ihr nicht, sondern führte sie nach *Marburg.* Auf dem Weg dorthin verkrümelte sie sich. *Tschernytschew* war längst wieder fort. Auch *Jérôme* mied seine abfallverdächtige Hauptstadt.

Napoleons korsisches Familienleben gipfelte darin, daß seine Brüder *Louis* und *Lucien* im feindlichen Ausland waren und seine Schwäger *Bernadotte* und *Murat* seit Frühjahr 1813 beziehungsweise Anfang 1814 gegen ihn unter Waffen standen. Einzig an *Eugen Beauharnais* hatte er einen Rückhalt; den hat er entsprechend schlecht behandelt.

Massenheere

Die Kontributionen, die *Napoleon* erhob, wuchsen nach 1800 von neun auf zehn Stellen, von Hunderten Millionen auf Milliarden. Zugleich wuchs die Größenordnung seiner Operationsarmeen von fünf auf sechs, die Gesamtheeresstärke 1813 sogar auf sieben Stellen. Das erforderte neue Formen der militärischen Organisation.

Die vom Marschall von *Sachsen* begründete Fechtweise des achtzehnten Jahrhunderts wies jedem Bataillon und Kavallerieregiment einen festen Platz im ersten oder zweiten Treffen zu. Der Troß stand zwischen beiden Treffen. In dieser Ordnung lagerte die Armee. Der Feldherr übersah sie mit einem Blick. Befahl er den Abmarsch, so machte sie rechts- oder linksum kehrt und schob sich schwerfällig »über Stock und Block«, wie *Clausewitz* reimte.

Die 80 000 Österreicher bei *Leuthen* waren in dieser Formation unbeweglich. *Friedrich der Große* schlug sie mit 32 000 Mann. Zwar focht seine kleine Armee in der gleichen Formation, aber der König hatte ihr durch systematisches Exerzieren in größeren

Verbänden höchste Beweglichkeit verliehen. Seine Methode blieb dennoch künstlich und riskant. Seine Katastrophe bei *Kunersdorf* war ebenso vollständig wie sein Triumph bei *Leuthen*.

Zur gleichen Zeit gliederte Herzog *Ferdinand* von *Braunschweig* sein Heer in Westdeutschland in fünf, später sieben »permanente Abteilungen (französisch: divisions) aus kombinierten Waffen«. Diese Form der Organisation vereinfachte sowohl Marsch, Unterbringung und Verpflegung wie die Leitung des Gefechts. Das revolutionäre *Frankreich* übernahm sie.

Spätestens bei Morgengrauen mußte jede Division den Marschbefehl haben; er wurde abends oder im Lauf der Nacht durch Adjutanten zugestellt. Für die Ausarbeitung und Ausfertigung der Befehle bedurfte der Kommandierende eines Generalstabs. Herzog *Ferdinand* hatte nicht nur die Divisionen erfunden, sondern, als Instrument zu ihrer Leitung, auch den Generalstab. Generalstäbler gab es schon vor ihm, nur unter anderem Namen, aber der erste sachgemäß arbeitende Generalstab war der seinige. Dessen Tradition lebte fort in der hannöverschen Armee, die den Kern seiner »verbündeten« Armee gebildet hatte, und wurde durch den hannöverschen Generalstäbler *Scharnhorst* nach *Preußen* verpflanzt.

Das revolutionäre *Frankreich* bot Hunderttausende auf, konnte sie aber mangels ausreichender Steuereinnahmen nicht im Feld erhalten. Das wurde erst möglich durch *Napoleons* Verwaltungs- und Finanzreform 1799–1800. Alsbald hatte Frankreich Massenheere. Diese erforderten eine Zwischeninstanz zwischen Oberkommando und Division. Zu diesem

Zweck faßte *Napoleon* zwei bis fünf, in der Regel drei Infanteriedivisionen, zwei oder mehr Regimenter leichter Kavallerie (»Reservekavallerie«), mehrere Feldbatterien (»Reserveartillerie«) sowie ein paar Pionierkompanien (in *Frankreich* getrennt nach Sappeuren, Pontonnieren und Mineuren) zu »Armeekorps«, mehrere Kavalleriedivisionen, denen reitende Artillerie beigegeben war, zu »Kavalleriekorps« zusammen. Auf Einzelschauplätzen des Halbinselkrieges – namentlich in *Andalusien* und gegen *Portugal* – wurde es notwendig, mehrere Armeekorps zu »Armeen« zu vereinigen, unter den Marschällen *Soult*, *Masséna*, *Suchet*, *Marmont*, *Bessiéres*. Als *Napoleons* »Große Armee« 1812 und 1813 die Größenordnung von 300 000 und 400 000 Mann Ist-Stärke erreichte, mußte auch sie in Armeen gegliedert werden. Deren Oberkommandos blieben jedoch mehr oder weniger improvisiert. *Napoleons* Marschälle waren Kerle, die unter seinen Augen ein Armeekorps führen konnten, aber strategisch befähigt waren die wenigsten. Zudem stiftete *Napoleon* gelegentlich Verwirrung, indem er über die Oberkommandos hinweg direkte Befehle an die Armeekorps gab.

Bis 1800 verfügte *Napoleon* auf keinem Schlachtfeld auch nur über 40 000 Mann und verfuhr nach dem Grundsatz: »On s'engage partout, et puis on voit«.– Er »engagierte sich auf der ganzen Front« mit Schützenlinien und ein paar leichten Geschützen, »erkannte« im hinhaltenden Gefecht den nach feindlicher Aufstellung, Gelände und strategischem Rahmen entscheidenden Punkt, ballte gegen ihn eine (anfangs noch bescheidene) Artilleriemasse zusammen und bahnte mit ihr seiner Schlachtkavallerie und den Sturmkolonnen seiner Infanterie den Weg.

Wenn möglich, hatte er vorher den Gegner umgangen und lieferte die Schlacht »mit verkehrter Front«: Dann hatte der Gegner keinen Rückzug wie nach *Marengo* und *Ulm*, oder der Sieger konnte parallel verfolgen wie nach *Jena* und *Auerstädt*. Bei direkter Verfolgung wird der Verfolger vor jedem kleinen Hindernis von schwachen Nachhuten aufgehalten, bei paralleler Verfolgung kann er den Besiegten sogar überholen wie *Napoleon* 1806 und *Blücher* 1815 nach *Waterloo*. Bei *Leipzig* wurde *Napoleon* selber die Schlacht mit verkehrter Front aufgezwungen, dank *Blücher* und *Gneisenau*. Selbst sein Sieg bei *Hanau* kostete ihn 10 000 Gefangene, weil er die Schlacht mit verkehrter Front liefern mußte, um sich nach *Mainz* durchzuschlagen. Daher brachte er bei *Mainz* nur noch ein Drittel der Heeresstärke über den Rhein, mit der er die Schlacht bei *Leipzig* angenommen hatte.

Von 1806 ab wurde die Strategie für *Napoleon* schwieriger. Denn Hunderttausende lassen sich nicht so leicht bewegen und verpflegen wie Zehntausende. Mit der Quantität wandelte sich die Qualität. Erfahrungen mit der neuen Dimension fehlten: daher selbst bei einem Genie wie *Napoleon* unbegreiflich scheinende Mißgriffe, die namentlich *Schlieffen* herausgearbeitet hat. So hatte *Napoleon* am Morgen des 16. Oktober 1813 bei Wachau 138 000 gegen 72 000 Mann, hielt aber gewohnterweise seine Reserven zurück – puis on voit. Infolgedessen gewannen die Gegner Zeit, Verstärkungen heranzuziehen, und aus dem Vernichtungsschlag wurde das unentschiedene, frontale Abringen annähernd gleicher Kräfte. Aus *Napoleons* voreilig proklamiertem Sieg wurde sein Rückzug in die Stellung östlich um *Leipzig* herum, die er am 18. Oktober (»Völkerschlacht«) im wesentlichen hielt. Nur auf dem linken Flügel wurde sie eingedrückt. Das ermöglichte 3000 Mann sächsischer Infanterie und der württembergischen Kavalleriebrigade *Normann* – vielleicht noch 500 Reitern –, die Front zu wechseln und sich neutral zu erklären, was den Gefechtsverlauf nicht nennenswert beeinflußt hat, der Legende zuwider. Jedenfalls drangen auch dort die Verbündeten nicht in *Leipzig* ein.

Engagiert man sich in der Schlacht mit Hunderttausenden und will dann erst sehen, so ist es zu spät. Man muß vorher die einzelnen Armeekorps in der entscheidenden Richtung angesetzt haben; am Gefechtstag ist dazu keine Zeit mehr.

Konzentration der Kräfte

Bei *Leipzig* und *Waterloo* scheiterte *Napoleon* an denjenigen feindlichen Führern, die seine Strategie übernommen hatten: *Blücher* und *Gneisenau*. Sie führten im Herbst 1813 das schwächste von drei feindlichen Teilheeren, und auch 1815 nur eines von zweien, wenngleich das stärkere und bessere. *Napoleon* ließ ihnen eine Chance, indem er seine oft gepredigten, richtigen strategischen Grundsätze selbst mißachtete. 1797 hatte er den österreichischen Unterhändlern in *Leoben* gesagt:

»Es gibt in Europa viele gute Generäle, aber sie begehen sämtlich einen Fehler: sie sehen zu viel. Ich, ich sehe nur eines: die Massen. Sie suche ich zu schlagen. Fallen sie, so fällt alles.« (zitiert nach *Kuhl*)

1813 hatte er sich gewandelt zu einem »guten General, der zu viel sieht«. Die Entscheidung lag in *Deutschland*, und er wußte das. Dorthin gehörten die Hauptkräfte. Daher nahm *Wellington* an, er werde *Spanien* räumen und die Viertelmillion krieggewohnter Truppen, die er dort hatte, nach Mitteleuropa führen. Statt dessen holte er nur 50 000 Mann an die Elbe: zu wenig für den definitiven Sieg in *Sachsen* und *Schlesien*, den er vor allem brauchte; und die in *Spanien* zurückgebliebenen 200 000 Mann waren dort erst recht unzureichend. Entsprechend seiner eigenen Lehre unterlag er auf beiden Kriegsschauplätzen.

Den gleichen Fehler beging er im August 1813: Statt seine »Große Armee« in *Sachsen* und der *Lausitz* zusammenzuhalten, zersplitterte er sie in drei Richtungen. Die Quittung bekam er bei *Leipzig*.

»Was er damals tat, hat er auch früher, in seiner besten Zeit getan. 1800 ging er mit 36.000 Mann über den Großen und Kleinen St. Bernhard, zog noch 15.000 Mann über den St. Gotthard, und brachte doch von diesen 51.000 Mann nach Marengo nur 22.800, die erst nach beinahe verlorener Schlacht durch 5.000 verstärkt wurden. Mit 205.000 beginnt er den Feldzug von 1805, und nur mit 75.000 schlägt er bei Austerlitz ... Der Vereinigung (aller) Kräfte verdankt er seine zwei glänzendsten Siege nicht.

(Es handelt sich um) zwei gänzlich entgegengesetzte Systeme: Moltke schlägt Königgrätz und erscheint vor Wien mit der gesamten Armee, Napoleon verfügt bei Austerlitz nur noch über ein Drittel seiner Streitkräfte!« (*Schlieffen*)

1796 hatte er nie mehr als 40 000 Mann, und sie waren nie weiter voneinander entfernt als zwei bis höchstens drei Tagesmärsche. Offensichtlich ist unter solchen Verhältnissen der Entschluß leichter, notfalls die Belagerungsartillerie vor *Mantua* zu opfern, aber die Entsatzarmee im Gebiet von *Verona* mit Übermacht anzugreifen. Später handelte es sich nicht um ein paar Belagerungsgeschütze, sondern um weite Gebiete, die er hätte entblößen müssen, um an der entscheidenden Stelle die Übermacht zu gewinnen. Er war eben Eroberer und nicht gewillt, seine – wie er wußte, prekäre – Herrschaft über eroberte Provinzen zu riskieren.

Im August 1813 hatte *Napoleon* zwischen *Magdeburg*, *Dresden* und *Liegnitz* eine Operationsarmee von 365 000 Mann Ist-Stärke – ungerechnet 37 000 Mann mobile Truppen unter *Davoust* in *Hamburg* sowie die Besatzungen der Elbfestungen *Dresden*, *Torgau*, *Wittenberg*, *Magdeburg* und *Hamburg*. Die Verbündeten umstanden ihn im Halbkreis mit 455 000 Mann, dazu kamen die 30 000 Mann unter *Wallmoden* bei *Wittenberg* (»Deutsche Legion«).

Jedoch brauchte *Napoleon* die 130 000 Mann starke verbündete Nordarmee bei *Berlin* nicht zu beachten. Sie stand unter dem Befehl seines Schwagers *Bernadotte*. Über den sagte *Napoleon* zu dem Österreichischen General *Bubna:* »Il ne fera que piaffer« – er wird lediglich mit viel Geräusch auf der Stelle trappeln. Somit zählten auf verbündeter Seite lediglich

1. die schlesische Armee – 100 000 Russen und Preußen unter *Blücher* in *Niederschlesien*

2. die »Hauptarmee« – 124 000 Russen und Preußen unter *Barclay de Tolly* sowie 127 000 Öster-

reicher unter *Schwarzenberg*, der auch den Oberbefehl führte, jedoch nur nominell sowie als ausführendes Organ. Die wirkliche Leitung hatte ein Kriegsrat und dessen maßgebende Stimme der Zar.

Diesen beiden Gegnern zusammengenommen war *Napoleon* um 40 000 Mann überlegen. Nach seinen Antezedenzien war zu erwarten, er werde *Blücher* und *Schwarzenberg* nacheinander abfertigen. Das Problem *Bernadotte* werde sich dann von selbst erledigen.
Doch Napoleon wurde nicht mehr durch strategisches Kalkül geleitet, sondern

1. durch maßlose Unterschätzung seiner Gegner,
2. blinde Leidenschaften; im Januar durch die Gier des Eroberers, der sich nicht eingestehen wollte, daß die spanische Beute nicht mehr zu halten war, und sie nicht freiwillig fahren ließ; im August durch Familienhaß gegen den »Verräter *Bernadotte*« sowie durch Haß gegen *Preußen*, dessen Hauptstadt er zurückerobern, und dessen Landwehr – er meinte das ausschließlich aus Landwehr bestehende preußische IV. Armeekorps *Tauentzien* – er auseinandertreiben wollte.

Aus diesen unsachlichen Motiven ließ er *Bernadotte* nicht piaffieren, sondern zog ihn gegen dessen Willen in den Entscheidungskampf. Und zwar entsandte er gegen *Bernadottes* »Nordarmee« die 72 000 Mann schwache »Berlin-Armee« unter *Oudinot*. Er dachte sich *Oudinot* unterstützt durch *Davoust* sowie durch die 11 000 Mann starke Division *Girard* bei *Magdeburg*, stellte jedoch deren Mitwirkung nicht sicher. Infolge dessen kam *Girard* zwar in die Gegend von *Potsdam*, jedoch zu spät, und er zog sich nicht weit genug zurück, weil er ohne Nachricht über *Oudinot* blieb. So konnte die verachtete preußische Landwehr seine Division bei *Hagelberg* (27. August) überfallen und vernichten. *Davoust* hatte sich gar nicht in Bewegung gesetzt.

Oudinot selber hatte Glück im Unglück. Bei *Großbeeren* (23. August) wurden lediglich zwei seiner neun Infanteriedivisionen geschlagen. Nahezu intakt konnte er seine kleine Armee nach *Wittenberg* retten, sehr zu *Napoleons* Unzufriedenheit. Ihm zufolge hätte der Marschall die doppelte Übermacht einfach über den Haufen rennen sollen.

Den Hauptschlag dachte *Napoleon* der verbündeten Hauptarmee in *Nordböhmen* zu. Seiner Meinung nach sollte sie ihn zwecks dessen Entgegennahme zwischen *Görlitz* und *Bautzen* aufsuchen. Falls sie indes westlich der Elbe angriffe, wollte er *Dresden* nur mit schwachen Kräften verteidigen, ihr aber mit seiner Hauptmacht von *Pirna* und *Königstein* aus in die rechte Flanke und in den Rücken fallen, sie aufrollen. In dem wegearmen Gebirge hätte das Vernichtung bedeutet. Für diesen Flankenstoß erbaute er östlich von *Pirna* Straßen und schlug Brücken über die Elbe.

Blücher warf diese Pläne über den Haufen. Er griff am 17. August an. Die vor ihm stehenden 130 000 Mann entbehrten einheitlicher Leitung und wichen hinter den *Bober* bei *Löwenberg* und *Bunzlau*. *Napoleon* kam mit 76 000 Mann heran (Garden 60 000, 1. Kavalleriekorps 16 000 Mann). Die Marschälle schlugen vor, weiter zurückzugehen, *Blücher* über den Fluß zu lassen und ihn dann hineinzuwerfen. Statt dessen nahm *Napoleon* bei *Löwenberg* am 20. August einen Vorbeimarsch ab. Das donnernde »Vive l'empereur!« belehrte *Blücher* über die Gefahr. Er wich aus, jedoch mit 80 000 Mann auf der einzigen Straße *Löwenberg–Goldberg;* auch sein Generalstab war noch ungeübt in der Bewegung großer Massen. Daher wäre ein entscheidender Sieg über ihn sicher gewesen, wenn *Napoleon* nach dem 22. August die Verfolgung fortgesetzt hätte. Doch den Kaiser rief die Bedrohung *Dresdens* durch die Hauptarmee dorthin. Außer Garden und 1. Kavalleriekorps nahm er das 6. Armeekorps mit (28 000 Mann unter *Marmont*), insgesamt etwa 105 000 Mann.

Dresden war besetzt vom 14. Armeekorps, nach Abgabe einer Infanteriedivision an *Vandamme* noch 20 000 Mann unter dem Marschall *Gouvion St. Cyr.* Dem ursprünglichen Plan entgegen führte *Napoleon* seine 105 000 Mann nicht zum Vernichtungsschlag nach *Pirna*, sondern – in einem vielbewunderten Eilmarsch – zur bloßen Abwehr nach *Dresden.*

»Was Napoleons Kopf ersonnen, war groß und einfach. Es auszuführen fehlte ihm das Herz. Durch die Vorstellungen ängstlicher Generale (ein Clausewitzscher Terminus, K.) ließ er sich ... bestimmen, auf dem rechten Elbufer zu bleiben, wie ein gewöhnlicher, philisterhafter General nach Dresden zu eilen, nicht um den Feind zu vernichten, sondern um die sächsische Hauptstadt, den Stützpunkt seiner Operationen und was dergleichen Dinge mehr sind, zu retten.« (*Schlieffen*)

Schlieffen übersieht eine Kleinigkeit: In *Dresden* befand sich zwar nicht das einzige, aber immerhin das Hauptmagazin für den Unterhalt einer halben Million Menschen – außer den Operationstruppen auch die Kranken in den Lazaretten, die Festungsbesatzungen und Nichtkombattanten. Es durfte keinen Tag in Feindeshand fallen. Bekam es die verbündete Hauptarmee, so hätte es ihr wenig geschadet, wenn *Napoleon* auf ihrer Rückzugslinie stand. Im Gegenteil, sie hätte, gemeinsam mit der Nord- und schlesischen Armee, seine mitteldeutsche Etappe umgestürzt und möglicherweise die Berlin- und Boberarmee vernichtet.

Nur insofern hat *Schlieffen* recht, als es genügt hätte, das 14. Armeekorps durch das 6. zu verstärken. Dann hätten immer noch 115 000 Mann bei *Pirna* versammelt werden können, ausreichend für den geplanten Vernichtungsstoß. Jedoch

»nur Vandamme sollte mit 40 000 Mann von Pirna und Königstein aus den großgedachten Plan kleinlich auszuführen suchen. ja, wenn nicht sechs Korps fortgeschickt worden wären –« (*Schlieffen*)

je drei Armeekorps gegen *Blücher* und *Bernadotte*, dazu noch je ein Kavalleriekorps.

Die Operation von *Dresden* wirkt gleichsam versöhnend. Endlich, nach achtzehn Jahren napoleonischer Siege, zeigte der Krieg das gewöhnliche Gesicht, bei dem die Fehler beider Parteien einander aufheben. Zwar hatte *Napoleon* auch vorher Fehler begangen, sie bleiben aber für die Geschichte unsichtbar, denn sie wurden durch die unvergleichlich schwereren Fehler seiner Gegner verdeckt. Bei *Dresden* glichen beide einander aus, und zwar stellten *Napoleon* und *Barclay de Tolly* jeder dieselbe Fehlrechnung an.

Die verbündete Hauptarmee stand mit einer Viertelmillion Mann an der unteren Eger. Man erfuhr, der Feind weiche in *Niederschlesien* vor *Blücher*. Der österreichische Generalstab, immun gegen *Napoleons* strategische Lehren trotz ihrer Handgreiflichkeit, schloß daraus, *Napoleon* befinde sich im Rückzug nach *Leipzig*. Dorthin brach die Hauptarmee am 22. August auf.

Doch schon am ersten Marschtag erkannte der Kriegsrat das Unsinnige dieser Marschrichtung und beschloß: rechtsum nach *Dresden*. Leicht gesagt. Zwar waren es von dem glücklich erreichten Marschziel des linken österreichischen Flügels, *Marienberg*, nach *Dresden* nur 60 km Luftlinie, für die weiter rechts stehenden Preußen und Russen, bei *Saida* und *Frankenstein*, entsprechend weniger. Aber der Nordabhang des Erzgebirges bildet eine sanft geneigte Fläche, in welche die Flüsse tief eingeschnitten sind. In der Nordostrichtung führten keine Straßen, nur Holzwege, quer über Berg und Tal. Als die Armee am 25. August nachmittags auf den Höhen südwestlich von *Dresden* ankam, hatte die österreichische Heeresleitung ihre Truppen in nur vier Märschen kleingekriegt; wenigstens behauptete sie das, mangels eines ernsthafteren Arguments fürs Ausreißen – österreichischer Generalstabschef war Oberst Graf *Radetzky* – und forderte sofortigen Rückzug; Russen und Preußen gingen natürlich nicht darauf ein. Immerhin erfand der russische Generalstab ein anderes Bedenken. – Dresden sei unangreifbar, seine Befestigungen sturmfrei.

Derjenige höhere Führer beider Parteien, der es besser wußte, war der Erbauer dieser Befestigungen, *Gouvion St. Cyr*. – Er hatte zu wenig Zeit gehabt. In ihrem unfertigen Zustand waren die *Dresden*er Befestigungen kein ernsthaftes Hindernis. Am Mittag des 26. August entschlossen sich denn auch die Verbündeten zum Sturm. Da aber traf *Napoleons* Heeresreserve ein und schlug ihn ab. Die Verbündeten gingen in eine unangreifbare Höhenstellung südwestlich von *Dresden* zurück und führten aus ihr am 27. August ein ergebnisloses Artillerieduell.

Nordwestlich dieser Stellung verläuft eine Schlucht, der Plauensche Grund. Nördlich von ihm waren 24 000 Österreicher unter *Meczko* als linker Flügel herausgeschoben. Sie wurden in der Schlacht am 27. August vernichtet. Das gefährdete die verbündete Hauptmacht in keiner Weise, war also an sich belanglos. Aber es verhalf im Kriegsrat dem österreichischen Kleinmut zur Oberhand. In der Nacht auf den 18. August traten die Verbündeten den Rückzug an: Selbstmord aus Angst vor dem Tode.

In den zwei Tagen des Stillstands war der Verpflegungstrain nachgekommen und versperrte die Straßen. Seit mehr als vierundzwanzig Stunden goß es, die Straßen waren grundlos. Die österreichische Regierung hatte bis zuletzt gehofft, zwischen den Kriegführenden zu vermitteln. Sie rechnete nicht im Ernst mit Krieg und hatte ihre Truppen zwar aufgestellt, aber nicht kriegsmäßig ausgerüstet. Namentlich das Schuhzeug löste sich auf – übrigens auch bei der preußischen Landwehr. Ohnehin pflegten österreichische Truppen in der ersten Feldzugswoche ein Zehntel bis ein Fünftel ihres Bestandes an Deserteuren, Überläufern und Gefangenen zu verlieren. Noch 1866 war das so. Bei *Dresden* kamen dazu die Gefechtsverluste des linken Flügels. Der Stau auf der Hauptrückzugsstraße über *Dippoldiswalde* wurde hoffnungslos, als sich dort am Nachmittag des 29. August von Osten her die russisch-preußischen »Garden und Reserven« eindrangen. Der rechte Heeresflügel setzte sich eigenmächtig auf die Straße des Zentrums.

Der gegebene Weg für den Rückzug der rechten preußisch-russischen Heereshälfte war die verhältnismäßig günstig gezogene, verkehrsreiche und gut ausgebaute »neue Straße« von *Pirna* über *Peterswalde*, *Nollendorf* und *Kulm* nach *Teplitz*. Aus der Stellung vor *Dresden* war sie zu erreichen über *Dohna*, und von dort auf der »alten Straße«, die in *Peterswalde* von Westen her in die neue einmündete. Dieser Weg war der russisch-preußischen Heereshälfte durch den Rückzugsbefehl vorgeschrieben.

Mißlicherweise gingen, wie erwähnt, 40 000 Mann unter *Vandamme* bei *Pirna* über die Elbe und suchten sich dieser Straße zu bemächtigen. Ihnen gegenüber stand Herzog *Eugen* von *Württemberg* mit der Hälfte des russischen 1. Armeekorps, etwa 180 000 Mann. *Vandamme* war den Südausgängen des Erzgebirges näher als die russisch-preußischen Truppen bei *Dresden*. Erreichte er sie vor ihnen, so drohte ihnen im Gebirge die Vernichtung.

Barclay verstand das nicht. Er befahl den ihm unterstellten Truppen vor *Dresden*, nicht über *Dohna* zu marschieren, sondern weiter westlich über *Maxen* und von dort, wie erwähnt, über *Dippoldiswalde* – auf den Marschweg der Österreicher. Dem Herzog *Eugen* befahl er, die neue Straße aufzugeben und gleichfalls westlich auszuweichen.

Hätte der Herzog diese Anordnung befolgt und *Napoleon* seine anfänglichen Verfolgungsbefehle aufrechterhalten, so wären die russisch-preußischen Truppen höchstwahrscheinlich vernichtet, mindestens entscheidend geschlagen worden. Abgewandt wurde diese Katastrophe durch den Ungehorsam des Herzogs *Eugen* – er machte *Vandamme* jeden Schritt vorwärts streitig –, vor allem aber, weil *Napoleon* noch am 28. August mittags seine zweckmäßigen Verfolgungsbefehle vom Vormittag aufhob: Vom Standpunkt der napoleonischen Strategie ist die Aufhebung der Verfolgungsbefehle unbegreiflich. Das Motiv lag darin, daß die unmittelbare Gefahr bei *Dresden* abgewendet war und Napoleon zu dem Motiv zurückkehrte, das ihn im August 1813 mehr beherrschte als der Vernichtungsgedanke: die Rache an *Bernadotte*. Dazu kam am Abend des 28. August die Nachricht von *Blüchers* Sieg an der *Katzbach*. Aber *Blücher* war noch mehr als zwölf Tagemärsche entfernt, brauchte also vorerst nicht berücksichtigt zu werden.

An den Kämpfen längs der Straße *Pirna–Teplitz* vom 28. bis 30. August ist bewundernswert die Klarheit, womit die drei kommandierenden Generäle – Herzog *Eugen*, *Kleist* (preußisches 11. Armeekorps) und *Vandamme* – ihre strategische Aufgabe begriffen, die Umsicht und Hartnäckigkeit, womit sie sie durchführten, sowie die Tapferkeit und Disziplin der Truppen aller drei Nationen, die das von ihnen Verlangte leisteten, auch unter verzweifelten Bedingungen. Ebenso erstaunlich ist die Blindheit, mit der sowohl *Barclay* wie *Napoleon* verkannten, wie nahe *Barclays* Heeresmacht der Vernichtung war, und daß, als *Vandamme* isoliert gegen die Rückzugsstraße der Russen und Preußen vordrang, umgekehrt ihm die Vernichtung drohte.

Am Vormittag des 28. August hatte Napoleon die Junge Garde (24 000 Mann unter *Mortier*), die Alte Garde (12 000 Mann unter *Lefebvre*) und die 1. Gardekavalleriedivision *(Lefebvre-Desnoëttes)* der Gruppe *Vandamme* nachgeschickt und das 14. Armeekorps angewiesen, *Vandamme* rechts zu begleiten: zusammen mit der Gruppe *Vandamme* ungefähr 100 000 Mann für die Parallelverfolgung. Zur direkten Verfolgung schickte *Napoleon* das 6. Armeekorps (*Marmont*) nebst der 1. Gardekavalleriedivision (*Ornano*) auf *Dippoldiswalde*, die Gruppe *Murat* (1. Kavalleriekorps und 2. Armeekorps, zusammen 40 000 Mann) über *Freiberg* auf *Marienberg* vor. Drängten beide nachdrücklich, und brachen, wie vorauszusehen, die 100 000 den Widerstand längs der neuen Straße, so war binnen drei Tagen ein entscheidender Sieg sicher.

Napoleon verschenkte ihn. Noch am 28. August hielt er die Junge Garde und die 2. Gardekavalleriedivision in *Pirna*, die Alte Garde in *Dresden* an und schob das 14. Armeekorps weiter rechts zur direkten Verfolgung. *Vandamme* wurde nicht verständigt.

»Die viel gepriesene ›Energie der Kriegführung‹, aus dem Dresdener Palais verjagt, hatte an Blüchers Biwakfeuer Aufnahme gefunden.« (*Schlieffen*)

Im Bewußtsein der ungeheuren Siegeschance ging *Vandamme* unbeirrbar drauf. Am 28. August umging er ständig die rechte Flanke des Herzogs von *Württemberg*, schnitt Teile von dessen Truppen ab, brachte ihnen schwere Verluste bei und drängte sie bis *Peterswalde* zurück. Am Vormittag des 29. stand er westlich von

Kulm und warf sich auf die dort aufgestellten russischen Truppen. Sie verstärkten sich. Er konnte sie an diesem Tag nicht mehr überwältigen, zweifelte aber nicht, daß es am 30. gelingen werde. Er durfte ja auf die Junge Garde rechnen.

Im Lauf des 29. August waren die russischen und österreichischen Kolonnenspitzen von *Dippoldiswalde* her aus dem Gebirge herausgetreten. Mit diesen Verstärkungen gingen die Verbündeten am Vormittag des 30. August bei *Kulm* zum Gegenangriff über. *Vandamme* hielt die Kolonne, die in seinem Rücken von *Nollendorf* herabkam, für die Junge Garde. Es waren die Preußen. Ehe sie sich entwickeln konnten, machte er kehrt mit seiner Infanterie und Kavallerie, um sich durchzuschlagen; in der Front opferte sich seine Artillerie, um den Durchbruch zu decken. Die Infanterie seines rechten Flügels (Division *Mouton-Duvernet* vom 14. Armeekorps) rettete sich intakt den Abhang hinauf, wenngleich ohne Geschütze und Fahrzeuge, die Kavallerie (Division *Corbineau* vom 1. Kavalleriekorps) schlug sich durch, das Getümmel auf dem dicht bewaldeten Gebirgshang war wild und wechselvoll, brachte den Preußen schwere Verluste, endete aber mit der Vernichtung von *Vandammes* eigenem Armeekorps. Geschütze und Fahrzeuge gingen sämtlich verloren.

Abends zuvor war die Lage des preußischen 11. Armeekorps bei Fürstenwalde verzweifelt gewesen. Es konnte weder vorwärts noch zurück. Hinter ihm stand das französische 14. Armeekorps. Der Weg vorwärts, über den Geyersberg-Paß, war durch russische Bagage versperrt. Der einzige Ausweg führte auf dem Gebirgskamm östlich über *Nollendorf*. *Kleist* nahm an, dort werde sein Korps zwischen die französischen Reserven geraten und vernichtet werden. Aber es war der einzige Ausweg und eröffnete die Möglichkeit eines – wenn auch seiner Meinung nach unwahrscheinlichen – Sieges. So entschloß er sich dazu.

Am gleichen Vormittag überschritten auf *Napoleons* Befehl die Brigade *Piré* vom 1. Kavalleriekorps in *Meißen*, die Alte Garde und zwei Divisionen der Jungen Garde, zusammen 24 000 Mann, in *Dresden* die Elbe, um sich bei *Großenhain* für den Marsch nach *Berlin* bereitzustellen. Zwar setzte *Napoleon* noch am gleichen Tag die beiden verbliebenen Divisionen der Jungen Garde nebst der zweiten Gardekavalleriedivision unter *Mortier* von *Pirna* nach *Kulm* in Marsch, aber schon bei *Berggießhübel* kamen ihnen die Flüchtlinge von *Kulm* entgegen; *Mortier* kehrte wieder um.

Napoleon klagte, überall, wo er nicht sei, begingen seine Unterführer »Dummheiten«, und noch heute beten das französische Autoren nach. Falls »Dummheit« vorlag, war es diejenige *Napoleons*. Er allein hat den Untergang der Gruppe *Vandamme* bei *Kulm*, die Niederlage der Berlin-Armee bei *Großbeeren* und ihre Zertrümmerung bei *Dennewitz* herbeigeführt. Ihn trifft auch die Hauptverantwortung für die Katastrophe an der *Katzbach*.

Als er am 23. August von *Löwenberg* nach *Dresden* umkehrte, hatte er die »Bober-Armee« zurückgelassen, 100 000 Mann unter *Macdonald* – zu wenig, um *Blüchers* schlesische Armee zu vernichten, zu viel für deren Abwehr. Zudem erhielt *Macdonald* einen Doppelauftrag – in aller Regel die Quelle von Fehlschlägen: er sollte *Blücher* über *Jauer* hinaus zurückwerfen und dann dort stehen bleiben, also erst Offensive, dann Defensive. Infolge mißverständlichen Befehls des Kaisers mußte der stärkste Truppenteil der *Bober*-Armee, das 3. Armeekorps (fünf Infanteriedivisionen, 40 000 Mann mit 90 Geschützen, bis dahin unter *Ney*) am 24. August nördlich der *Katzbach* von *Liegnitz* nach *Goldberg* und am 25. August zurück marschieren. Infolgedessen beteiligte sich nur eine seiner Divisionen an der Schlacht am 16. August; die anderen gelangten nur verspätet und bruchstückweise auf das Schlachtfeld. Das Zentrum, das sie verstärken sollten, war bereits vom Schlachtfeld vertrieben, sie selbst mußten in zwei Gruppen exzentrisch nördlich über die *Katzbach* ausweichen.

Taktisch war die Niederlage an der *Katzbach* unerheblich. Von den elf Infanterie- und drei Kavalleriedivisionen der *Bober*-Armee wurden in dem Entscheidungskampf auf der Hochfläche von *Eichholz* nur anderthalb Infanterie- und zwei Kavalleriedivisionen geschlagen. Aber weiter rechts war *Macdonald* selbst bei *Seichau* mit dem Gros des 5. und 11. Armeekorps zurückgedrückt worden, und das 3. Armeekorps war abgedrängt; er mußte also seine Armee rückwärts konzentrieren.

Ohne *Blüchers* Verfolgung wäre das hinter der *Katzbach* bei *Goldberg* geschehen, einen halben Tagemarsch rückwärts. *Blüchers* Verfolgung, der Dauerregen und die bei dieser Wetterlage noch heute übliche Überschwemmung durch die niederschlesischen und Lausitzer Flüsse machten den Rückzug zur Katastrophe. Bis Ende August verlor die *Bober*-Armee mehr als 30 000 Mann von 100 000, davon 18 000 Gefangene, Anfang September noch mehr, hauptsächlich Deserteure. Von ihren etwa 235 Geschützen ließ sie 103 stehen – davon nur 28 in der Schlacht –, ferner natürlich einen erheblichen Teil der Munitionskolonnen und Proviantwagen. Auch lagen an den Straßen gefallene und kranke Pferde, Waffen und Ausrüstungsgegenstände, kurz, dem Sieger lachten die Anzeichen der Auflösung bei dem weichenden Gegner entgegen.

Natürlich litt auch der Sieger unter der Wetterkatastrophe, besonders die preußische Landwehr, die nach *Marwitz'* nicht sehr übertriebenem Ausdruck »nackt« ausgerückt war. Ihre nicht gewalkten Röcke waren schon nach dem ersten Regen zusammengeschnurrt, die Stiefel lösten sich auf. Am 3. Oktober bei *Wartenburg* trat die schlesische Landwehr nur noch mit einem Sechstel ihrer ausrückenden Stärke an – dieser Rest »schlug sich« allerdings, nach *Yorcks* Zeugnis, »wie alte Grenadierbataillons«. Manche Landwehrmänner wanderten von *Katzbach* oder *Bober* heim nach *Oberschlesien*, kleideten sich neu ein und stießen an der Elbe wieder zum Korps. Andere – leider nicht zu leugnen – plünderten in der Etappe, ebenso die Kosaken. Wenigstens die regulären Truppen hielten zusammen, nicht zum wenigsten unter der hinreißenden persönlichen Einwirkung *Blüchers*. Auch sie hungerten, denn die Proviantkolonnen kamen infolge Überschwemmung und grundloser Wege nicht nach, und das Land war ausgeplündert. Die russischen Truppen verliehen *Blücher* den Beinamen »Marschall Vorwärts«; *Yorck* klagte ihn als Heerverderber an. Aber die fliehenden französischen Truppen waren am Rande der Auflösung, wie *Macdonald* meldete.

Unter günstigeren Bedingungen hat *Blücher* 1815, nach *Waterloo*, eine noch wirksamere Verfolgung durchgeführt, diesmal parallel. Der preußische Vormarsch 1815 führte längs der Olse, also in einem Bogen; die Besiegten hatten den näheren Weg, über *Laon*. Dennoch, und obwohl »die Besiegten die längeren Beine haben«, waren die *Preußen* schneller. *Vandamme* hatte von *Grouchy* den Befehl über die Truppen übernommen, die nicht am 18. Juni bei *Waterloo* besiegt worden waren, sondern am 19. Juni bei *Wavre* gesiegt hatten. Ein solches Marschtempo wie das der Preußen hielt er für unmöglich, glaubte die Nachrichten über deren Vormarsch nicht und marschierte zu spät von *Soissons* ab. Schon bei *Villers Cotterets* sperrte ihm preußische Infanterie den Weg. Das waren nicht einmal die vordersten preußischen Truppen: Die standen bei *Senlis* schon viel näher an *Paris*. *Vandamme* mußte südlich über *Chiateau Thierry* ausweichen. Die Hast des Rückzuges brach die Haltung seiner Truppen. Am 16. Juni bei *Ligny* hatten sie eine Überzahl geschlagen. Bei *Issy*, südlich von *Paris*, am 2. und 3. Juli, hielten sie nicht mehr stand.

Zurück zu *Blüchers* Verfolgung im August-September 1813. Am 4. September stand sein Gros bereits westlich von *Görlitz*. Seine Vorhut hoffte, abends *Bautzen* zu erreichen. Da trat ihr bei *Hochkirch Napoleon* mit intakten Truppen entgegen. Belehrt durch die Erfahrung von *Löwenberg*, 20.–23. August, wich *Blücher* großzügig aus, hinter den Queis bei *Lauban*. Wieder konnte *Napoleon* seinen gefährlichsten Gegner nicht zur Schlacht stellen. Schon am 21. Mai bei *Bautzen* hatte sich ihm der Eindruck aufgedrängt: »Ces animaux ont appris quelque chose.« Seine Siege bis 1809 verdankte er eben nicht nur seiner außerordentlichen Befähigung, sondern auch den außerordentlichen Fehlern seiner Gegner. »Man übertreibt die Klugheit des Fuchses, wenn man ihr auch die Dummheit der Hühner zugute schreibt.«

Als *Napoleon* am Nachmittag des 28. August seine Gardeinfanterie bei *Dresden* und *Pirna* anhielt und sie am 30. August zu zwei Dritteln nach Osten über die Elbe schickte, wollte er mit ihr nach *Hoyerswerda*, um *Blücher* durch Bedrohung seiner rechten Flanke zum Stillstand zu bringen und sich dann gegen *Bernadotte* zu wenden – der alte Rachedurst. Hinreichende Kräfte wurden dafür verfügbar, als nach der Niederlage von *Kulm* die Verfolgung der verbündeten Hauptarmee hinfällig wurde. *Napoleon* zog das 6. Armeekorps (*Marmont*) von *Altenberg*, das Gros des 1. Kavalleriekorps (*Latour-Maubourg*) von *Freiberg* an sich und brach am 2. September von *Dresden* auf. Am gleichen Tag unterstellte er die Berlin-Armee dem Marschall *Ney* und wies ihn an, sie am 6. September bei *Dahme* für den Marsch über *Baruth* nach *Berlin* bereitzustellen.

Noch am gleichen Tag zwangen ihn aber *Blüchers* Vormarsch und *Macdonalds* Hilferufe, abzumarschieren, um die völlige Auflösung der Bober-Armee zu verhindern. *Blücher* wich aus, die Bober-Armee gewann die nötige Atempause, aber auch dann konnte *Napoleon* weder nach *Hoyerswerda* noch nach *Dahme*, denn *Barclay* griff bei *Nollendorf* das 14. Armeekorps an und bedrohte *Dresden*. *Napoleon* mußte am 7. September mit der Heeresreserve dorthin umkehren. *Ney* wurde von dem Abbruch der Operation gegen *Berlin* ebensowenig verständigt wie in der Woche zuvor *Vandamme*.

Die Berlin-Armee zählte am 5. September, als sie aufbrach, noch etwa 58 000 Mann. Ihr Marschziel *Dahme* konnte sie nur durch einen Flankenmarsch erreichen, dicht vor der Front eines doppelt überlegenen Gegners.

Auf dem Weg »nach Luckau, dem Kaiser entgegen« (*Neys* Armeebefehl) wurde sie am 6. September bei *Dennewitz* zertrümmert.

In dem Bulletin darüber wälzte *Napoleon* die Schuld auf die Sachsen – zu Unrecht. Denn die beiden sächsischen Infanteriedivisionen hatten auf dem linken Flügel standgehalten, während auf dem rechten Flügel, bei *Dennewitz* und *Rohrbeck*, das 4. Armeekorps ständig weiter zurückgedrängt wurde. Zweimal eroberten die Sachsen das Dorf *Göhlsdorf* zurück. Erst als sich die *Preußen* durch die Ankunft der Brigade *Borstell* verdoppelten und die französische Korpsartillerie des 7. Armeekorps aus ihrer Sperrstellung auf der Windmühlenhöhe von *Göhlsdorf* vertrieben wurde, wichen auch die *Sachsen*. Der Dank für ihre Aufopferung war eine verleumderische Beschimpfung.

Ständiges Lügen bestraft sich selbst. Die Gegner fallen nicht darauf herein, nur der Lügner selbst, denn einen gewissen Teil der eigenen Lügen glaubt selbst der Gerissenste und Kaltblütigste, beispielsweise *Bismarck*. Wankend werden dagegen diejenigen eigenen Anhänger, auf die es in Krisen ankommt: das kritische Element mit eigener Initiative. Jüngstes Beispiel in der deutschen Geschichte ist die Implosion der DDR 1989–1990. Nur wenige außer der Riege um *Honecker* glaubte den eigenen Schwindel bis zuletzt.

Napoleons Lüge von der Feigheit der *Sachsen* bei *Dennewitz* wurde ein Hauptmotiv ihres sogenannten Verrats bei *Leipzig*. Gerade weil sie bei *Dennewitz* so hartnäckig ausgeharrt hatten, bedeutete diese Niederlage in ihren Augen das Ende der napoleonischen Herrschaft in *Deutschland*. Sich noch länger für ihn aufzuopfern, hatte für sie keinen Sinn mehr. Die Überlegenheit der Preußen und derer Verbündeten stand für sie nunmehr fest. Die Fortsetzung des aussichtslos gewordenen Krieges bedeutete für sie

1. Beschimpfungen durch *Napoleon*,
2. die Verheerung ihrer Heimat durch die französischen »Bundesgenossen«.

Nicht *Napoleon* hatten sie Treue geschworen, sondern ihrem König. Was nützte es diesem, wenn sie fortfuhren, sich um den Lohn von Beschimpfungen für *Napoleon* aufzuopfern? Der König war in ihrer Nähe. Da er gleichwohl keinen Kontakt zu seinen Truppen hielt, zweifelten sie, ob er freier Herr seiner Entschlüsse sei: war er etwa *Napoleons* Gefangener wie der Infant von *Spanien*? Fällt es ihnen zur Last, daß dieser Verdacht so nahelag? Die Ankläger, die den sächsischen Truppen »Verrat« vorwerfen, haben zweierlei Maß: *Napoleon* sehen sie jeden Eid- und Treubruch nach, ihm gegenüber fordern sie rückwirkend aufopfernde Treue.

Das Gesamtergebnis von *Katzbach*, *Kulm* und *Dennewitz* war für *Napoleon* ein verlorener Feldzug, weniger wegen der Verluste: Die waren auch bei den Siegern empfindlich. *Dresden* und *Kulm* zusammengenommen hatten sie sogar mehr gekostet als ihn. Aber statt fern im Norden bei Berlin zu plaffieren, stand die Nordarmee nun dicht bei *Dessau*, fast schon in *Napoleons* Rücken, und *Blücher* war nicht mehr weit weg in *Niederschlesien*, sondern in gefährlicher Nähe bei *Bautzen*. Siegesbewußtsein und Initiative gehörten jetzt seinen Gegnern. In der ersten Septemberhälfte pendelte *Napoleon* zwischen *Bautzen*, wo ihm *Blücher*, und *Nollendorf*, wo ihm *Barclay* mit russisch-preußischen Truppen die Schlacht anbot. Aber gegen keinen von beiden war er mehr stark genug.

Er hatte gehofft, auf dem Vormarsch in Feindesland seine Truppen besser verpflegen zu können. Statt dessen störte der Feind seinen Nachschub durch *Thüringen* und sogar über *Magdeburg*. Innerhalb seines Operationsgebiets verlor er die Elbe als Transportweg. Denn bei *Dessau* und oberhalb *Wittenbergs* stand an ihr die Nordarmee. Beide Flanken waren umgangen. Um sie zu decken, mußte *Napoleon* sich an der Elbe schwächen und zog Ende September auch bei *Torgau* und *Dresden* seine Truppen über den Strom zurück. Der Besitz der Festungen *Dresden*, *Torgau* und *Wittenberg* gewährte ihm die Illusion, jederzeit auf das östliche Ufer zurückkehren zu können.

Nach der Schlacht bei *Kulm* hatte die Hauptarmee österreichische und russische Reiterei an Saale und Elster geschickt, die dort den Proviantnachschub abfing. Sie nahm bei *Altenburg* die ihr entgegengesandte 2. Gardekavalleriedivision (*Lefebvre-Desnoëttes*) gefangen, konnte sie allerdings mangels Bewachungsmannschaften nicht abführen. Zur Sicherung der Transportwege mußte *Napoleon* weitere Streitkräfte aus der Elbfront herausziehen. Je enger infolgedessen die »Grande Armée« zusammengedrängt wurde, desto knapper wurde die Verpflegung von Mensch und Pferd.

»Die Hauptarmee bei Chemnitz, – so weit wollte sie sich doch vorwagen –, und die Nordarmee bei Rosslau hätten sich ... auf recht geringe Entfernung gegenübergestanden. Mit zwei bis drei Märschen hätten sie sich zusammengefunden. Der Feind, der sich dazwischen geworfen hätte, wäre erdrückt worden.«

Nur waren *Schwarzenberg* und *Bernadotte* dafür zu »ängstliche Generäle«.

»Napoleon wartete den Angriff ab, die Verbündeten wollten nicht angreifen ... Blücher fand die Lösung ... Er wollte unterhalb Dresden über die Elbe gehen (bei Wartenburg am 3. Oktober, K.) ... Der Kronprinz vermochte dann ungehindert über die Elbe zu gehen... (Dann) beabsichtigte Blücher, ihn an die Hand zu nehmen und weiter vorwärts zu führen.

Zweitens hätte sich Napoleon auf denjenigen Gegner gestürzt, welcher seine Pläne durchkreuzte. Sobald aber Napoleon von Dresden flußabwärts marschiert war, vermochte Schwarzenberg die geringen feindlichen Kräfte zu vertreiben. Von Norden und Süden konnte in Richtung Leipzig vormarschiert werden.

Die Gefahren, die Blücher der Nord- und Hauptarmee zumutete, waren kaum von Bedeutung, desto beträchtlicher diejenigen, welche er selbst auf sich nahm.« (*Schlieffen*)

Diese Gefahren überstiegen alles, was *Napoleon* je gewagt hatte. Sie auf sich zu nehmen, erforderte außer einer strategischen Einsicht, die derjenigen *Napoleons* gleichkam, eine Eigenschaft, die ihm fremd war – und die in Koalitionen überhaupt zu fehlen pflegt: hochherzige Aufopferungsbereitschaft, ein Hauptmerkmal der preußischen Reform und Erhebung. Durch sie hatte schon *Scharnhorst* im März 1813 in *Kalisch* die russischen Führer gewonnen und eine russisch-preußische Waffenbrüderschaft begründet, wie es sie zuvor in Koalitionen nie gegeben hatte. Auch in dieser Aufopferungsbereitschaft liegt das Außerordentliche an *Blüchers* und *Gneisenaus* Strategie. Sie ist von der militärischen Kritik weder in Österreich noch in *Frankreich* oder *England* verstanden worden. Daß sie im Oktober 1813 zu einem unvergleichlichen Siege führte, war vier Umständen zu verdanken:

1. Nach *Blüchers* Elbübergang bei *Wartenburg* am 3. Oktober wandte sich *Napoleon* von *Dresden* her gegen ihn mit so schmaler Front, daß die schlesische Armee westlich an die Saale ausweichen konnte. Das Land dort war von *Napoleon* noch nicht ausgepowert. Die schlesische Armee war nur noch 60 000 Mann stark. Da sie dort zu leben fand, konnte sie ihre rückwärtigen Verbindungen aufgeben.

2. Hinter der Saale stand sie auf der Vormarschlinie der Nordarmee und konnte diese hinter sich her nach *Leipzig* schleppen.

3. *Blücher* und *Gneisenau* hatten in der Führung der Hauptarmee einen Verbündeten, den Zaren. Dieser hatte bessere Berater als in früheren Feldzügen, namentlich *Toll* und *Diebitsch*, und überwand *Schwarzenbergs* passiven Widerstand.

4. Die Schwächung der französischen Armee durch Krankheit und Desertion infolge des Hungers.

Dank dieser Umstände führte *Blüchers* und *Gneisenaus* Initiative dazu, *Napoleon* bei *Leipzig* zur Schlacht mit verkehrter Front zu stellen. Nur zitterten dem

Österreichischen Oberkommando die Knie; es öffnete ihm die Rückzugsstraße nach Westen. Anderenfalls wäre er schon bei *Leipzig* gefangen worden wie nachmals sein Neffe bei *Sedan*. Statt dessen bedurfte es noch eines halben Jahres und furchtbarer Blutopfer, um ihn zu fangen.

Denn ohne *Napoleons* Gefangennahme würde es keinen Frieden geben. Für das Wiener Kabinett war nicht er der Hauptfeind, sondern *Preußen*. Dieses war für *Metternich* noch immer der Staat *Friedrichs des Großen*, der zudem 1795–1805 und 1809 durch sein Fernbleiben den Kampf gegen *Frankreich* gelähmt hatte. *Metternich* und dessen englischen Gesinnungsfreunden, *Wellington* und *Castlereagh*, war überdies der revolutionäre Ludergeruch der preußischen Reform und Erhebung zuwider. Durch Drohung mit Austritt aus der Koalition erzwang *Österreich* die Ermächtigung, Napoleon überaus vorteilhafte Friedensbedingungen anzubieten.

Im Sommer 1813 sollte er danach lediglich auf den Rheinbund verzichten; sein eigentliches Reich von *Emden* bis *Neapel* sollte ihm bleiben. Er besaß noch die »Grande Armee« und war des Sieges sicher: begreiflich, daß er nicht darauf einging. Im November 1813 hatte er nur noch den Schatten einer Armee, dennoch wurde ihm immer noch das linke Rheinufer in *Deutschland* und *Belgien* geboten, nur auf *Italien* und *Holland* sollte er verzichten.

Da er nicht darauf einging, mußte sich *Österreich* dem verbündeten Einfall in *Frankreich* fügen, sabotierte jedoch den Feldzug und verschaffte *Napoleon*, trotz seiner deutlichen Unterlegenheit, die Gelegenheit zu kleinen, teilweise sogar siegreichen Gefechten. Dank ihrer zahlenmäßigen Schwäche hatte seine kleine Armee den Vorteil höchster Beweglichkeit. Als aber der Schrecken über seinen Zug in den Rücken der verbündeten Hauptarmee die beiden Hauptbremser, *Metternich* und *Kaiser Franz*, aus dem Hauptquartier vertrieb, konnte *Fürst Schwarzenberg* den Forderungen des gesunden Menschenverstandes nicht mehr widerstehen und sabotierte nicht mehr den Marsch auf *Paris*. Dieses fiel. *Napoleon* wollte auch dann noch mit wenigen Zehntausenden weiterkämpfen, kaum besser als ein Räuberhauptmann, aber dazu gaben sich seine Marschälle und Generäle nicht mehr her, sondern zwangen ihn zur Abdankung. Wie *Ludendorff* 1918 und *Hitler* 1945 klagte er über Dolchstoß. »Oh *Frankreich!* Ein paar Elende weniger, und du wärest noch die Große Nation!»

Die gleiche Kräftezersplitterung wie im August 1813 brachte *Napoleon* auch im Juni 1815 um den Sieg. Sein überfallartiger Vormarsch am 15. Juni 1815 über *Charleroi* drohte, die preußische Armee von derjenigen *Wellingtons* zu trennen. Deren Nachschublinien divergierten: *Wellingtons* Basis war *Antwerpen*, die preußische *Lüttich*. Wie 1796 hoffte *Napoleon*, seine Gegner in divergierenden Richtungen auseinanderzutreiben und einzeln zu schlagen.

Er selbst hatte etwa 127 000 Mann (± 3 000) mit 375 Geschützen. Seine Soldaten waren ausnahmslos Veteranen von vorzüglicher Ausbildung und ausdauernder Tapferkeit, allerdings von fragwürdiger Disziplin. Hingegen waren Ausbildung und Ausrüstung der 120 000 Preußen (mit 304 Geschützen), vollends der 98 000 Engländer, Westdeutschen und Niederländer unter *Wellington* (mit 100 Geschützen) höchst ungleichmäßig. Für *Wellington* milderten sich die Nachteile, da er bei *Waterloo* in der Defensive focht und das Gelände für sein taktisches Verfahren denkbar günstig war.

Die beiden verbündeten Armeen brauchten je anderthalb Tage für ihre Versammlung. Die preußische hatte *Napoleon* selbst gegenübergestanden und kannte den Wert der Minuten. Daher befahl *Gneisenau* die Versammlung der preußischen Armee noch am 14. Juni, kurz vor Mitternacht, und zwar nach dem rechten Flügel bei *Sombreffe*, nur 12 km von *Quatre Bras*, der Nahtstelle der beiden Armeen. Dort wollte das preußische Oberkommando die Schlacht annehmen und war, wie im Oktober 1813, bereit, seine rückwärtige Verbindung – nach *Lüttich* – aufzugeben, um das Zusammenwirken mit *Wellington* zu sichern. Weder *Wellington* noch *Napoleon* trauten ihm das zu. Noch zwanzig Stunden, nachdem es tatsächlich geschehen und die Rückkehr auf die Straße nach *Lüttich* unmöglich geworden war, meldete *Wellingtons* Bevollmächtigter beim preußischen Oberkommando, Oberst *Sir Charles Hardinge*, am Nachmittag des 17. Juni aus *Wavre*, *Gneisenau* fordere Rückzug nach *Lüttich*, aber *Blücher* wolle nicht. Von britischen Kriegshistorikern wird – aus Unkenntnis (?) – diese unbegreifliche Falschmeldung noch heute nachgeschrieben.

Wellington erfuhr den französischen Vormarsch über *Charleroi* auf *Quatre Bras* erst am späteren Nachmittag des 15. Juni, ordnete aber nicht einmal die Versammlung seiner Divisionen in sich an.

»Augenscheinlich machte man sich im englischen Hauptquartier ganz falsche Vorstellungen von der Kriegführung Napoleons ... man erwartete die Schlacht erst für den 17. .. Da Wellington bei der großen Wichtigkeit, die er ... Gent als Sitz Ludwigs XVIII. beilegte, von Napoleon ... ein gleiches annahm« (*Lettow-Vorbeck*),

hielt er dessen Vormarsch über *Charleroi* für einen Scheinangriff und erwartete den Hauptstoß weiter nördlich über *Mons* und *Nivelles*. Daran hielt er auch fest, als ihm *Blücher* die Versammlung der preußischen Armee bei *Sombreffe* anzeigte. Am 16. Juni, gegen ein Uhr morgens auf einem Ball in *Brüssel*, erfuhr er, daß die Franzosen bereits unmittelbar vor *Quatre Bras* standen. Auch dann noch brauchte er eine volle Stunde, um die Versammlung seiner Armee nach dem linken Flügel bei *Quatre Bras* anzuordnen, jedoch immer noch inkonsequent: Den überwiegenden Teil der Truppen vorderster Linie befahl er einen halben Tagemarsch weiter nach *Nivelles*. Glücklicherweise kommandierten dort nicht Untergebene, denen er in *Spanien* die Initiative ausgetrieben hatte, sondern niederländische Offiziere. Diese folgten ihrer besseren Kenntnis und vereinigten die verfügbaren Truppen bei *Quatre Bras*, so daß er trotz seiner falschen Maßnahmen dort am 16. Juni siegen konnte. Sein Verdienst war dieser Sieg nicht.

An dem Phantom eines französischen Angriffs über *Mons-Nivelles* hielt er dennoch fest und entsandte am 18. Juni 17 000 Mann unter Prinz *Friedrich der Niederlande* nach *Halle* (*Hal*) an der Straße *Brüssel–Nivelles*. Daß es für ihn am 18. Juni bei *Waterloo* so kritisch wurde, lag nicht nur an den Marschverzögerungen der Preußen, sondern auch daran, daß er ein

Fünftel seiner Armee weggeschickt hatte. Dabei hätte er Zeit genug gehabt, sie zurückzuholen.

Erst am Vormittag des 16. Juni begriff er, daß die Schlacht binnen weniger Stunden bevorstand und sein Zusammenwirken mit den Preußen durch seine Verspätung in Frage gestellt war. Er unterstellte, sie würden nach *Lüttich* zurückgehen, wenn ihnen das klar würde. Um sie davon abzuhalten, schrieb er um 10.30 Uhr bei *Frasnes* einen irreführenden Brief an *Blücher*, demzufolge seine Hauptkräfte bereits ziemlich heran seien. Im Vertrauen darauf nahmen die Preußen die Schlacht an, vorwärts von *Sombreffe* in der Stellung von *Ligny* und der Dörfergruppe *St. Amand*, die das Zusammenwirken mit *Wellington* erleichtert hätte, sonst aber nachteilig war, und wurden geschlagen.

Nach seinem Sieg bei *Ligny* handelte *Napoleon* wieder als »guter General« und zersplitterte seine Armee. Er vermutete die Preußen im Rückzug nach *Lüttich* und sandte ihnen unter *Grouchy* fast ein Drittel seiner Armee nach: Truppen, die am 15. Juni mehr als 40 000 Mann gezählt hatten und am 17. noch 33 000 Mann stark waren. Er selbst wandte sich gegen *Wellington* mit Truppen, die am 15. Juni über 80 000 Mann stark gewesen waren und am 17. noch etwa 72 000 zählten. Die 7. Infanteriedivision vergaß er auf dem Schlachtfeld von *Ligny*. Sie war allerdings sehr mitgenommen. Ihr Kommandeur, *Girard*, war in *St. Amand la Haye* tödlich verwundet worden, von den beiden Brigadekommandeuren war der eine bereits tot, der andere schwer verwundet. Vor der Schlacht hatte sie mehr als 5500 Mann gezählt, danach noch etwas mehr als 3000. *Schlieffen* beschrieb Napoleons Position so:

»Der Feind, der verschwunden ist, muß mit einem Drittel meiner Armee verfolgt, der andere, der eben Neys Angriff (bei Quatre Bras, K.) abgewiesen hat, muß mit der verbliebenen, ungenügenden Minderheit geschlagen werden.

Ein Gesetz schrieb vor: ein geschlagener Feind muß ... verfolgt werden. Ein anderes sagte: man muß zur Schlacht so stark wie möglich sein. Beide Gesetze ließen sich nur in Übereinstimmung bringen, indem Napoleon Blücher mit dem größten Teil seiner Streitkräfte folgte, ihn noch einmal zu schlagen ... suchte und sich erst dann gegen Wellington wandte, der inzwischen durch ein Minimum an Truppen beschäftigt worden war.

Wollte aber Napoleon durchaus sofort gegen Wellington vorgehen, so mußte er die Mehrzahl . . . mitnehmen, für die Verfolgung des geschlagenen Blücher nur einen sehr kleinen Teil verwenden.«

Am Abend des 16. Juni war *Blücher* nicht aufzufinden. Er war 72 Jahre alt, hatte unter dem Pferd gelegen und stand unter Schock. Unbeirrt durch die Verwirrung der Niederlage, befahl *Gneisenau* den Rückzug des geschlagenen I. und II. Armeekorps nach *Tilly*, dicht nördlich des Schlachtfelds, so daß anderentags die Schlacht hätte wieder aufgenommen werden können. Indessen war *Tilly* auf den vorhandenen Karten nicht eingetragen; es blieb nur übrig, die »Richtung nach *Wavre*« zu befehlen. Infolgedessen marschierten die Truppen die Nacht hindurch dorthin; erst gegen Morgen gelang es, sie kurz vor *Wavre* anzuhalten.

Damit hatte die preußische Armee ihre Rückzugslinie nach *Lüttich* aufgegeben und das Zusammenwirken mit *Wellington* sichergestellt, falls er vorwärts von *Brüssel* standhielt. *Wavre* liegt etwa drei Marschstunden entfernt in der linken Flanke der Stellung von *Mont St. Jean*, vorwärts von *Waterloo*, wo *Wellington* am 18. Juni die Schlacht annahm. Da seit dem Abend des

16. Juni ein Wolkenbruch auf den anderen folgte und die Wege in dem tiefgründigen Lehm aufweichte, verdoppelte sich die Marschdauer, übrigens auch für die Franzosen: ihr Angriff bei *Waterloo* verspätete sich um den ganzen Vormittag.

Die geschlagene preußische Armee fand sich nach und nach im Lauf des 17. Juni bei *Wavre* zusammen, aber erst abends das IV. Armeekorps, das bei *Ligny* gefehlt hatte, sowie die Munitionskolonnen des I. und II. Armeekorps. Da die preußische Armee noch nicht versammelt war, konnte *Gneisenau* an diesem Tag nichts mehr für die Vereinigung mit *Wellington* tun. Am Morgen des 18. setzte er nur das IV. Armeekorps in Marsch nach *Plancenoit*, hinter den französischen rechten Flügel. Die Hauptmacht hielt er noch zurück, denn er fürchtete, von *Wellington* ein zweites Mal getäuscht zu werden. Für *Sir Charles Hardinge* waren diese Verhältnisse zu verwickelt.

Erst als am Mittag des 18. Juni der Kanonendonner von *Mont St. Jean* herüberschallte, war *Gneisenaus* Mißtrauen behoben. Nun mußte es schnell gehen. Daher erteilte *Gneisenau* die Befehle an das I. bis III. Armeekorps mündlich. Nach *Lettow-Vorbecks* Vermutung sind dabei die Befehle für das I. und III. Armeekorps verwechselt worden. Das I. stand westlich *Wavre* im Biwak bei *Bierges*, also auf dem linken Flügel. Durch seinen – offensichtlich irrtümlichen – Marschbefehl wurde das I. Armeekorps nach rechts geschoben, vor die beiden anderen Korps, und die Verspätung vermehrt, die ohnehin durch die verspätete Befehlsausgabe und die Grundlosigkeit der Wege verursacht war. Das II. Armeekorps brach mit mehr als einstündiger

Verspätung auf, weil vor ihm das I. seinen Weg von links nach rechts kreuzte, erst dann konnte das III. folgen. Das Oberkommando ritt mit der vordersten Infanteriebrigade des IV. Armeekorps, bemerkte also nichts von der Verwirrung hinten.

Als die vorderste Brigade des III. Armeekorps abmarschiert war, wurde dessen Gros durch den Angriff der französischen Heeresabteilung *Grouchy* bei *Wavre* festgehalten. Infolgedessen haben sich von den 100 000 Mann, mit denen *Blücher* und *Gneisenau* bei *Waterloo* eingreifen wollten – die Verluste bei *Ligny* einschließlich der Versprengten betrugen etwa 20 000 Mann –, nur wenig mehr als 80 000 in Marsch gesetzt, und nur etwa 40 000 haben sich an der Schlacht beteiligt – das IV. Armeekorps und je die vorderste Brigade des I. und II. Aber weitere 40 000 waren dicht heran und hätten am 19. Juni die Entscheidung gebracht, wäre sie nicht schon am Abend des 18. gefallen. *Napoleon* dagegen hatte längst seine letzten drei Bataillone eingesetzt: die Brigade *Cambronne*.

Denn schon die 40 000 Preußen, die an der Schlacht teilnahmen, verwandelten *Napoleons* geringfügige Überzahl über *Wellington* in anderthalbfache Überzahl seiner Gegner. Noch entscheidender war die preußische Anmarschrichtung gegen seine Rückzugstrasse. Als sich abends der preußische linke Flügel der Straße *Brüssel–Charleroi* näherte, flohen die dort aufgefahrenen französischen Train- und Munitionskolonnen ungeordnet und versperrten nicht nur die Straße, sondern auch das freie Feld beiderseits, so daß später die französische Artillerie nicht mehr durchkam und 200 von ihren 254 Geschützen stehen ließ.

Ganze Bibliotheken sind zusammengeschrieben worden in der Voraussetzung, *Napoleon* habe bei *Waterloo* eine Chance gehabt. War die Frage nicht vielmehr, ob die Preußen ihre ganze Kraft heranbrächten? Dann hätten sie dank ihrer Anmarschrichtung die französische Rückzugstrasse gesperrt. Den Geschlagenen wäre nur der Umweg über *Nivelles* geblieben, ihre Niederlage wäre – kaum vorstellbar – noch vollständiger geworden. Erörtert man diese Wenn, so darf man allerdings nicht vergessen, daß es am 16. Juni auf französischer Seite ähnliche Mißverständnisse und Marschverzögerungen gegeben hat, und daß *Napoleon* durch sie die Chance verlor, das preußische I. und II. Armeekorps zu vernichten, statt sie nur zurückzuwerfen.

Schon so verdankten die Preußen ihrer Anmarschrichtung die Möglichkeit einer nächtlichen Verfolgung, der gegenüber *Friedrichs des Großen* berühmte Verfolgung nach der Schlacht bei *Leuthen* verblaßt. *Napoleon* hat dergleichen nie versucht, nur *Cromwell*, der allerdings wiederholt und mit ungeheurem Erfolg. Erst um 4 Uhr morgens machte *Gneisenau* Halt bei *Mellet*, 20 km Luftlinie vom Schlachtfeld. Die ersten 6 km, bis Mitternacht in *Genappe*, ging es nur mühselig und im Schritt vorwärts. In *Genappe* kam es noch zum Nahkampf. Bis dorthin ritt *Blücher* selbst noch mit, trotz Sturz und Alter.

Die Dyle ist tief eingeschnitten. Sie bildet bei *Genappe* – übrigens auch bei *Wavre* – einen starken, leicht zu verteidigenden Abschnitt. Ohne die nächtliche Verfolgung hätte sich die geschlagene Armee hinter *Genappe* notdürftig gesammelt und hätte am Vormittag des 19. Juni stundenlangen Widerstand geleistet. Unter dessen Schutz hätte *Napoleon* die Armee hinter der *Sambre* bei *Charleroi* gesammelt und *Grouchy* herangezogen.

Das wurde unmöglich durch die nächtliche Verfolgung. Infolgedessen konnte sich die geschlagene Armee erst bei *Laon* sammeln, mit weniger als einem Drittel der Mannschaft, einem Fünftel der Geschütze, völlig ohne Train und Munitionskolonnen, also nicht mehr operationsfähig.

In den folgenden beiden Wochen bewirkte die ungestüme preußische Parallelverfolgung, daß selbst *Grouchys* Truppen – nunmehr unter *Vandamme* –, die noch am 19. Juni bei *Wavre* gesiegt hatten, ihren inneren Halt verloren, wenngleich sie sich nicht derart auflösten wie die Unterlegenen von *Waterloo*.

Gneisenaus Fehler 1813–1815 sind nicht zu bestreiten; aber schwerer als diejenigen *Napoleons* in dessen besten Jahren waren sie nicht. Man denke nur an *Jena* und *Auerstädt*. Ohne die maßlosen Fehler der preußischen Führung wäre *Jena* ein Luftstoß und *Auerstädt* eine Niederlage geworden. Dagegen übertrafen *Blücher* und *Gneisenau Napoleons* kühnste Unternehmungen. Wie er selbst in seinem klassischen Feldzug 1796–1797 hatten auch sie nur verhältnismäßig schwache Kräfte. Aber während er seine Siege über mittelmäßige, zum Teil sogar unfähige Generäle erfocht, errangen sie die ihrigen gegen den Schlachtenmeister der Epoche, noch dazu in Gemeinschaft mit Verbündeten von fragwürdiger Zuverlässigkeit. An der Spitze der beiden stärkeren verbündeten Armeen 1813 standen »ängstliche Generale«, und wenn Wellington von diesem Fehler frei war, so war doch auch auf ihn – entgegen der Meinung einiger britischer Kriegshistoriker – nur bedingter Verlaß.

Die Neuordnung Deutschlands

Zurück blieben die von *Napoleon* begründeten Institutionen. In *Frankreich* sind Recht und Verwaltung noch heute annähernd, wie er sie hinterlassen hat. Die Verfassungen von 1791, 1793 und 1795 gewährten in Gemeinde und Departement den Bürgern – 1791 und 1795 den besitzenden Männern, 1793 allen erwachsenen Männern – Selbstverwaltung in direkter Demokratie, nach nordamerikanischem Vorbild. Diese Selbstverwaltung hatte allerdings kaum je befriedigend arbeiten können. Sie wurde gestört durch den permanenten sozialen Umsturz, durch den Krieg samt Inflation, durch die diktatorischen Eingriffe der *Pariser* Zentrale, durch Geldnot und nicht zum wenigsten durch den zwergenhaften Umfang vieler Landgemeinden.

Napoleon hatte die zentralistische Reaktion auf dieses anarchische Verwaltungssystem geliefert. Über Gemeinden, Arrondissements und Departements warf er das Netz seiner Diktatur: Missi Dominici (»Präfekten«) der Zentralregierung, die sich nicht, wie heute die Kommunalaufsicht westdeutscher Länderregierungen, mit Kontrolle begnügen, sondern weitgehend die Exekutivgewalt ausüben und die – bis 1800 freie – Selbstverwaltung auf einen engen Bereich zurückgedrängt haben, den seit einem Jahrzehnt die Verwaltungsreform in Gemeinden und Regionen auszudehnen sucht.

Wie *Napoleon* junge Offiziere zu leitenden Stellungen beförderte, so auch junge Beamte, die in seinem Auftrag rasch und wirksam durchgriffen.

Der gleiche Geist raschen, wirksamen Durchgreifens erfüllte auch den napoleonischen Prozeß: *Strombeck* hat in seinen Lebenserinnerungen geschildert, wie er als Präsident des westfälischen Appellationsgerichts in Einbeck diese rasch durchgreifende Rechtsprechung in *Deutschland* heimisch machte. Heutige deutsche Rechtsuchende und Juristen können *Strombecks* Erinnerungen nur mit Neid und Bewunderung lesen.

Nur einmal hat es in *Frankreich* eine Regierung gegeben, welche die Diktatur des napoleonischen Staatsapparates aufzuheben und zu der direkten Demokratie und freien Selbstverwaltung der Verfassung von 1793 zurückzukehren suchte: die *Pariser* Commune von 1871.

In *Deutschland* lassen sich die napoleonischen Institutionen nicht mehr erkennen. *Napoleon* hat sie nicht unmittelbar aufgezwungen, sondern indirekt: durch seine Satrapen, die Rheinbundfürsten; in *Preußen* gleichfalls indirekt, durch den furchtbaren Druck seiner Tribute. *Goethe*, *Hegel*, *Marx* und viele andere intelligente Deutsche wußten, daß er bei uns den bürgerlichen Staat begründet hat, haben indessen nicht gefragt, wie mephistophelisch er dabei zu Werke gegangen ist.

Ihn leiteten zwei Interessen: er forderte Geld und Truppen.

Napoleon brauchte einheitlich nach französischem Modell organisierte und ausgerüstete Infanteriedivisionen und Kavalleriebrigaden. Diese konnten nicht von fränkischen, schwäbischen oder sonstigen Reichsstiften oder Reichsfreiherren (lies Reichsdörfern) gestellt werden, sondern nur von arrondierten Mittelstaaten: dazu der Reichsdeputationshauptschluß und die unaufhörlich daran anschließenden Grenzverschiebungen bis 1811.

Mit der territorialen Arrondierung und Konsolidierung war es nicht getan. Die neuen Mittelstaaten bedurften einer napoleonischen Bürokratie, um auf den Wink des Gebieters binnen einiger Wochen, allenfalls Monate, neue Infanteriedivisionen und Kavalleriebrigaden aufzustellen, die er dann nach der Rate 30 000 Mann pro Monat »ausgab«. Damit diese Bürokratie nivellierend über das ganze Gebiet und die verschiedenen Klassen und Stände der Bevölkerung hinweghobeln konnte, ohne Rücksicht auf territoriale, ständische oder sonstige hergebrachte Wehrdienst- und Steuerbefreiungen – außer soweit sie mit dem neuen Staatszweck napoleonischer Satrapien vereinbar waren –, brauchte sie ein modernes, das heißt bürgerliches Recht. Dieses war fertig gedruckt aus *Frankreich* zu beziehen in Gestalt des Code Napoléon. Es war allerdings nicht möglich, ihn unbearbeitet in völlig veränderter Umgebung, unter halbfeudalen Bedingungen, anzuwenden. In *Deutschland* war das Bürgertum nicht, wie im Code Napoléon vorausgesetzt, reich, selbstbewußt und herrschende Klasse, vielmehr befand sich der Adel noch im ungebrochenen Besitz seiner Liegenschaften, Vorrechte und staatlichkirchlichen Sinekuren. Dem mußten die deutschen Juristen bei der Anwendung des Code Rechnung tragen. Immerhin wurde er in weiten Gebieten zur neuen Rechtsgrundlage.

In *Frankreich* war die neue Rechtsordnung von der Revolution geschaffen, sie verlor bei ihrer Konsolidierung durch *Napoleon* nicht den Freiheitshauch, mit dem sie auf die Welt gekommen war. Anders die napoleonische Staats- und Rechtsordnung in *Deutschland:* ihr war keine freiheitliche Umwälzung vorangegangen, vielmehr wurde durch sie eine der reaktionärsten Klassen der deutschen Gesellschaft vollendet: das Territorialfürstentum. Als dessen Werkzeug war bereits seit Jahrzehnten die despotisch-pedantische Schreiberbürokratie entstanden, die *Schiller* in *Kabale und Liebe* verewigt hat; diese Bürokratie wurde von *Napoleon* mitsamt den Territorialfürsten vollendet und hat sie überlebt, zum Teil bis in unsere Zeit.

Napoleon forderte auch sehr bedeutende Geld- und Sachleistungen. Im Dezember 1806, bei der Illumination zur Königskrönung des bisherigen Kurfürsten *Friedrich August*, hängte ein Dresdner das Transparent heraus:

»Vivat Friedrich August Rex!
Wer noch Geld hat, der versteck's!«

Napoleon selbst befolgte diesen Rat, indem er vor der Abreise nach *Rußland* 1812 anderthalb Millionen auf dem Landsitz seines Postministers *Lavalette* deponierte. Seine Finanzerpressungen gegenüber *Bayern* beim Friedensschluß 1809 entrissen dem König *Maximilian Joseph* den Verzweiflungsschrei, er »werde den Schlüssel auf die Schwelle legen und fortgehen müssen«. Seitdem war der bayrische König fest entschlossen, bei günstiger Gelegenheit von *Napoleon* abzufallen. Daß dieser im Herbst 1813, auf der Flucht von *Leipzig*, auf eine bayrisch-österreichische Armee stieß, die ihm den Weg zu sperren suchte, war eine von vielen Quittungen für seine Erpressungen.

Besonders gilt dies für die preußische Erhebung. In *Preußen* hatte er, ohne es zu wollen, nicht nur bürgerliche, sondern sogar freiheitliche Institutionen erzwungen. Der friderizianische Staatsapparat war so undurchsichtig und unrationell aufgebaut, die Wirksamkeit seiner Bürokratie wurde auf Schritt und Tritt derart durch die Allmacht des Adels behindert, daß *Napoleon* auf einen Blick erkannte: zur Aufbringung der von ihm geforderten Kontributionen sei das friderizianische *Preußen* außerstande. Daher zwang er dem preußischen König den Freiherrn *vom Stein* auf, der, wie er wußte, wegen seiner vernünftigen Vorschläge zur Verwaltungsreform fortgejagt worden war. *Napoleon* glaubte, das Nützliche – Gewähr für die Aufbringung seiner Kontributionen - mit dem Angenehmen – einer neuen Demütigung des preußischen Königs – verbinden zu können. Hinsichtlich des letzteren Punktes dachte Stein ebenso: »Es ist gut, daß der König mich fürchtet!«

Eine starke Quislingpartei in *Preußen*, geführt von dem Minister Fürst *Wittgenstein* und dem Feldmarschall *Kalckreuth*, war für unbedingten Anschluß an *Napoleon*. Die Quislinge waren wütende Gegner von *Steins* Agrar- und *Scharnhorsts* Heeresreform, sie hatten den ostelbischen Adel geschlossen hinter sich. Daß die Reform gegen so überwältigenden Widerstand, ohne

Rückhalt an einem revolutionären Bürgertum oder einer revolutionären Bauernschaft, durchgeführt werden konnte, verdankte *Preußen* ausschließlich der Habgier, durch die *Napoleon* seinen Anhängern die politische Wirkungsmöglichkeit versperrte und seinen fähigsten, entschlossensten Gegnern die Bahn freisprengte.

Denn die preußischen Reformer beschränkten sich nicht auf die ihnen zugedachte Rolle napoleonischer Gerichtsvollzieher. Vom ersten Augenblick an bereitete *Stein* die Erhebung gegen *Napoleon* vor – dafür die Aufhebung der bäuerlichen Unfreiheit, dafür die Selbstverwaltung und das Streben, jeden, auch den kleinsten Besitzer am Gemeinwesen zu interessieren. Man sah voraus, die Anforderungen an Gut und Blut der Untertanen würden bei der erhofften Erhebung alles übersteigen, was eine noch so pflichttreue und tüchtige Bürokratie herausholen könne: nur durch Freiwilligkeit war es aufzubringen, und die Freiwilligkeit sollte organisiert werden in der Selbstverwaltung. Für den Freiheitskampf sollten nur die regulären Truppen von den Staatsbehörden aufgestellt und ausgerüstet werden, dagegen die Landwehr von der Selbstverwaltung in Stadtgemeinden, Landkreisen und Provinzen.

1813 hat die von *Stein* und *Scharnhorst* begründete Organisation geleistet, was ihre Begründer von ihr nur irgend erwarteten. *Stein* selber war seit vier Jahren außer Landes. Der König befand sich, wie *Stein* vorausgesehen, in *Potsdam* unter französischer Kontrolle. Aber gemäß der *Stein-Scharnhorst*schen Organisation machte die Provinz *Preußen* auf eigene Faust mobil unter der gemeinsamen Führung des Oberpräsidenten, des kommandierenden Generals und des Provinziallandtags, sie stellte sogar die Landwehr auf und gab sich, da ein für die ganze Monarchie gültiges Gesetz noch nicht existierte, zu diesem Zweck ein eigenes Landwehrstatut, ausgearbeitet von dem damals kaiserlich russischen Obersten *v. Clausewitz*. Seit dieser stolzen Bewährung gehört die Selbstverwaltung zu den wenigen freiheitlichen Institutionen, die in *Deutschland* eingewurzelt sind. Sie war die Grundlage des freiheitlichen Rausches, der über *Preußens* Grenzen hinaus die Illusion begründete, die bürgerliche Freiheit sei in *Deutschland* errungen – diese Illusion lag beispielsweise der Gründung von *Ludens* Zeitschrift *Nemesis* zugrunde. *Goethe* bestritt sie in seinem Gespräch mit *Luden* am 13. Dezember 1813, aber wenn er auch an sich recht hatte, so verkannte er doch, daß der deutsche Untertan seit 1813 unvergleichlich mehr Ellenbogenfreiheit hatte als zuvor.

Mit seiner *Napoleon*-Verehrung stand *Goethe* keineswegs allein, nur war er neben *Hegel* der einzige unter den bedeutenden deutschen *Napoleon*-Anhängern, der noch 1813 an ihr festhielt. Dies lag in der Hauptsache daran, daß *Thüringen* von *Napoleons* Anforderungen an Gut und Blut nicht so hart getroffen wurde wie die anderen deutschen Landschaften.

Ein typisches Gegenbeispiel bietet General *v. Thielmann*, einer der gebildetsten und aktivsten deutschen Parteigänger *Napoleons*. Als Kommandeur der sächsischen Kürassierbrigade auf dem Zug nach *Moskau* wurde *v. Thielmann* Zeuge, wie *Napoleon* seine Truppen verhungern ließ, und gehörte seitdem zu *Napoleons* glühendsten Feinden. Als der sächsische König sich nach der Schlacht bei *Großgörschen* wieder *Napoleon* anschloß, trat *Thielmann* in russische Dienste über und wurde nach der Schlacht bei *Kulm* als russischer Streifscharführer nach *Ostthüringen* und *Westsachsen* entsandt, wo er den Nachschub der »Großen Armee« drastisch störte. Nach der Schlacht bei *Leipzig* organisierte er als russischer General das neue sächsische Aufgebot und führte 1815 das preußische III. Armeekorps, wenn auch weniger ruhmvoll. Ein gleichartiges Beispiel bietet der bayrische Feldmarschall *Wrede*.

Von den deutschen Staaten blieb nur *Österreich* von *Napoleons* reformierendem Einfluß verschont. Erst nach 1848 holte es unter dem Innenminister *Bach* mit Rheinbundmethoden nach, was das außerösterreichische *Deutschland* vier Jahrzehnte zuvor vollbracht hatte. Dies war einer der Hauptgründe für die Entfremdung zwischen *Österreich* und dem später bismarckschen Kleindeutschland. Der andere Hauptgrund lag in dem österreichischen Protektionismus: es schloß sich aus dem deutschen Nationalmarkt aus.

Wer sich heute über die Umgestaltung *Deutschlands* durch *Napoleon* unterrichten will, muß auf *Häussers* mehr als 130 Jahre alte *Deutsche Geschichte* 1786–1815 zurückgreifen. *Häusser* referiert nur chronologisch, arbeitet das Grundsätzliche nicht explizit heraus, läßt es aber nicht im Unklaren. Er war nicht nur Historiker, sondern auch ein ehrlicher Mann.

Im Gegensatz zu ihm hat *Meinecke* nur einmal, in der Biographie des Feldmarschalls *Boyen*, eine historisch entscheidende Tatsache aufgedeckt: daß es 1819, nach zwölfjähriger Not, gelang, die preußischen Staatsfinanzen zu stabilisieren, und alsbald die Reformer gestürzt wurden: *Humboldt*, *Boyen*, *Grolmann* wurden entlassen – *Stein* war schon 1808, *Gneisenau* 1816 ausgeschieden, *Scharnhorst* 1813 gefallen. Die Reaktion bekam Oberhand, *Friedrich Wilhelm III.* konnte den preußischen Staatsdienst wieder wie bis 1806 auf die kleinliche Engherzigkeit herabdrücken, die damals die gesamteuropäische Verachtung hervorrief, über die seit 1815 das rheinische Bürgertum höhnte, die *Fontane* in seinen Briefen als »poplig« bezeichnet, und die er fälschlich auch der Erhebung von 1813 anlastet. Wäre es *Meinecke* auf historische Erkenntnis angekommen, so hätte er herausgearbeitet, daß *Napoleon* indirekt, durch seinen Kontributionsdruck, die preußische Reform erzwungen hat. Daß die Rheinbundfürsten ihre bürgerlichen Reformen als napoleonische Satrapen vollzogen hatten, stand implizit bereits bei *Häusser* und explizit bei *Treitschke*.

Meinecke hatte sich indes die höhere Aufgabe gestellt, *Napoleon* aus der deutschen Geschichte in der napoleonischen Epoche zu eliminieren. Bei ihm erklären sich *Deutschlands* damalige Fortschritte aus der deutschen Geistesgeschichte – wie, bleibt unbeantwortet –, und diese war bereits durch die irrationalistische »Lebensphilosophie« von dem anstößigen Einfluß der Aufklärung, der französischen Revolution und *Napoleons* gereinigt. Deutsche Historiker verstanden *Meinecke* zwar nicht immer ganz, aber sein Illusionstheater erfüllte ihren Verdrängungswunsch, und so machten sie ihn zu ihrem Zunftmeister – Obermeister der wilhelminischen Professorenzunft waren *Gustav v. Schmoller* und *Adolf v. Harnack*, beide demgemäß geadelt.

Kein Zufall, daß die einzige ernstzunehmende *Napoleon*-Biographie in deutscher Sprache von einem Österreicher stammt, *August Fournier*. Übrigens leiden alle *Napoleon*-Biographien an einer gewissen Philistrosität. »Der Mann ist euch zu groß«. (*Goethe*)

Die Napoleonlegende gehört zur Ideologie des französischen Imperialismus, lebt also unausrottbar in der französischen Geschichtsschreibung weiter, gerade auch in der linken. Reziprok dazu stand der deutsche Imperialismus unter dem Impuls, die napoleonische Erinnerung zu verdrängen. Hervorragend gelang das den Juristen. Die älteren westdeutschen Juristen der Vorkriegszeit 1900–1914 hatten noch nach dem Code Napoléon Recht gesprochen, aber in den Lehrbüchern der deutschen Rechtsgeschichte von *Schröder* und *Brunner* wird der Code nicht einmal erwähnt. *Walter Mannzen* vermutete vor dreißig Jahren, Forschungsergebnisse über dessen Einfluß auf das deutsche Recht finde man vielleicht in lokalgeschichtlichen Zeitschriften; neuerdings gibt es Ansätze von *Elisabeth Fehrenbach*.

Nur zwei materialistische Schulen hielten in *Deutschland* noch nach 1870 die napoleonische Erinnerung aufrecht: die Marxisten – beispielsweise unterstrich *Friedrich Engels* die verjüngende Wirkung des Code Napoléon auf das deutsche Recht – und der preußisch-deutsche Generalstab. Dessen Weltanschauung war zwar idealistisch, aber sein wissenschaftliches Verfahren in der Kriegsgeschichtsforschung war materialistisch, wenngleich ihm das nicht bewußt war.

Das Fortleben von Napoleons militärischer Tradition

Napoleons militärische Tradition blieb in *Preußen* lebendiger als in *Frankreich* selbst. Das moderne Massenheer litt in seiner napoleonischen Originalfassung an gewissen Inkonsequenzen. Dank seiner ungeheuren Übermacht konnte es damit leben. Hingegen war *Preußen*, ohnehin die kleinste der europäischen Großmächte, 1807–1813 auf den Umfang eines Mittelstaates reduziert und aufs äußerste ausgezogen. Es mußte seine letzten menschlichen und materiellen Hilfsmittel aufbieten und gab sich zu diesem Zweck durch *Scharnhorst* die rationellste damals mögliche Heeresverfassung. 1815 erhielt sie durch *Gneisenau* und *Boyen* ihre Friedensform. Dank ihrer widerstand die preußische Armee der allgemeinen Verknöcherung 1815–1860 besser als die anderen Großmachtheere und errang nach ihrer Modernisierung 1860–1866 sowie dem pannenreichen Probekrieg von 1864 die Siege von 1866 und 1870–1871.

Grundlage war die allgemeine Wehrpflicht. In *Frankreich* war sie nie streng durchgeführt worden. Vielmehr durften dort die Wohlhabenden Stellvertreter stellen und sich so von der »Blutsteuer« loskaufen. Auch *Scharnhorst* gewährte Wohlhabenden ein Privileg – rüsteten sie sich selber aus, so durften sie als »freiwillige Jäger« statt als gewöhnliche Gemeine eintreten. Die regulären Truppen errichteten kleine Kommandos »freiwilliger Jäger«; diese dienten vornehmlich als Pflanzschulen für den Nachwuchs an Landwehroffizieren. *Boyen* machte aus den »freiwilligen Jägern« die »Einjährig-Freiwilligen«.

Allgemeine Wehrpflicht im Frieden setzt kurze Dienstzeit voraus. In *Frankreich* nach 1815 betrug die Dienstzeit sieben Jahre oder ein Mehrfaches davon, in *Preußen* nominell drei, die sich indes durch vorzeitige Beurlaubung bald auf durchschnittlich zwei verkürzten. Nach seinem »aktiven« Dienst trat der Soldat für vier bzw. fünf Jahre zur »Reserve«, dann für weitere sieben Jahre zur »Landwehr« über. Im Kriegsfall diente die »Reserve« zur Auffüllung der »aktiven« Truppe auf Kriegsstärke, die Landwehr in eigenen Formationen.

Der Theorie nach entsprach die preußische Landwehr der französischen Nationalgarde. Doch war diese nur 1789 Militär, und selbst damals nur der Fiktion nach. In Wirklichkeit war sie 1790–1866 lediglich eine Schützengilde, auch insofern die Minderbemittelten ausgeschlossen waren. Dagegen war die preußische Landwehr seit ihrer Gründung stets Teil des Heeres. Im August 1813 war sie erst seit wenigen Monaten, teilweise sogar nur Wochen aufgeboten, nahezu unausgebildet – nur die Bataillonskommandeure waren verabschiedete ehemalige Offiziere; es gab sogar vier ungediente Bataillonskommandeure, darunter die Königsberger Oberlandesgerichtsräte *Friccius* und *Grolmann*, der Bruder des Generals. Auch war ihre Ausrüstung kläglich: daher die außerordentlich schweren Marschverluste der Landwehr des I. (*Yorck*) und II. (*Kleist*) Armeekorps bei dem entsetzlichen Wetter Ende August.

Trotz dieser Mängel stellte die Landwehr im Herbst 1813 70 000 von den etwa 160 000 Mann des Feldheeres; weitere 100 000 Mann Landwehr bildeten

Besatzungen und andere Sicherungstruppen, schlossen Festungen ein und machten sämtliche regulären Truppen für das Feldheer frei. Ein erheblicher Teil der siegreichen Armee von 1815 war Landwehr, zum Teil sogar westdeutsche, die erst nach der Schlacht bei *Leipzig* aufgestellt war. Im Juni 1815 stand sie teils knapp zwei Jahre, teils anderthalb Jahre unter Waffen, aber da weder Subaltern- noch Unteroffiziere vorher ausgebildet waren, blieb das taktische Können dieser improvisierten Truppen entschieden hinter dem von Napoleons Veteranen zurück. Gegen diese hatten sie bei *Ligny* und *Waterloo* nur dann eine Chance, wenn sie in merklicher, etwa anderthalbfacher Überzahl waren. Desto überlegener war ihre Disziplin. Die französischen Truppen plünderten im eigenen Land und desertierten nach der Niederlage. Die Division des gefallenen Generals *Girard* war nicht in die Katastrophe von *Waterloo* verwickelt. Auf seiner nächtlichen Flucht sandte ihr *Napoleon* den Befehl, nach *Quatre Bras* zu marschieren und dort eine Nachhut zu bilden. Der Überbringer dieses Befehls fand sie nicht mehr in ihrem Biwak bei *Ligny*. Sie scheint einfach auseinandergelaufen zu sein. Dagegen litt die Disziplin der preußischen Truppen weder unter der Niederlage bei *Ligny* noch unter dem nächtlichen Rückzug, dem Biwak bei *Wavre* in Schmutz und Regen bei ausbleibender Verpflegung, dem Marsch am 18. Juni nach *Mont St. Jean* auf aufgeweichten Lehmwegen. Es waren wirklich »unübertreffliche Soldaten« (*Blüchers* Heeresbefehl vom 19. Juni). *Vandamme*, der von seinen Truppen beträchtliche Anstrengungen verlangte und erlangte, hielt Marschleistungen wie die ihrigen für unmöglich. Wenn *Wellington* wegen der Nachzügler, die sie unvermeidlich bei ihren Gewaltmärschen zurückließen, zwei Jahrzehnte später ihre Disziplin für mangelhaft erklärte, so war das veranlaßt durch die Unordnung, die von diesen Rückzüglern allerdings verübt wurde, belegt aber vor allem seine Borniertheit und seinen Mangel an Fairneß.

Nach 1815 war die Mannschaft der preußischen Landwehr zu einem erheblichen Teil durch den aktiven Dienst gegangen, der Rest wenigstens kurz ausgebildet; Offiziere und Unteroffiziere hatten sämtlich »aktiv« gedient. Bei den Herbstübungen rückte regelmäßig ein Teil der Landwehr ein, bei den Mobilmachungen 1831, 1850 und 1819 die gesamte Landwehr.

Dagegen mißtrauten *Napoleon* und die auf ihn folgenden Monarchen den republikanischen Neigungen der Pariser und sonstigen Nationalgarde. Tatsächlich hat die Pariser Nationalgarde den Sieg der Julirevolution 1830, der Februarrevolution 1848 und des Commune-Aufstands im März 1871 entschieden. Daher beließ man sie bis 1867 auf dem Stand einer Schützengilde und verwandte sie 1811–1815 lediglich als Festungsbesatzungen, 1870 als Reservoir unausgebildeter Rekruten und Subalternoffiziere für die »Mobilgarde«. Diese sollte nach den Vorstellungen des Marschalls *Niel* der preußischen Landwehr 1815–1859 entsprechen, aber nach dem Tod des Marschalls 1868 wurde mit der Aufstellung und notdürftigen Ausbildung ihrer Kader nicht Ernst gemacht. Infolgedessen entsprach die Mobilgarde von 1870 lediglich der unausgebildeten preußischen Landwehr von 1813. Da

Frankreich 1870 unendlich viel reicher war als *Preußen* 1813, war die Mobilgarde von 1870 leidlich ausgerüstet, aber weder bei der Nord- und Loire-Armee noch bei der Pariser Ausfallarmee hatte sie den erforderlichen Rückhalt an gut ausgebildeten regulären Truppen. Denn die vorhandenen Linientruppen waren fast nur »Marschbataillone«, selbst mangelhaft ausgebildet und ohne ausreichende, zuverlässige Offiziere.

Zur Grundlage der infanteristischen Ausbildung machte *Scharnhorst* das ruhige Zielen. Kein ungezielter Schuß wurde geduldet. Zwar erzielte nur die mit gezogenen »Büchsen« ausgerüstete »leichte« Infanterie eine größere Trefferzahl, aber auch bei den mit glatten Vorderladern ausgerüsteten »Musketieren« bewirkte die durch die Ausbildung eingeübte Schießdisziplin Ruhe schon bei der »Feuertaufe«. Nach 1830 verzichteten die anderen europäischen Heere auf den gezogenen Hinterlader, denn man war überzeugt, eine damit ausgerüstete Infanterie werde ihre Munition verpulvern und dann wehrlos sein, wie es schlecht ausgebildete Musketiere in den napoleonischen Kriegen oft genug getan hatten, beispielsweise die Landwehr der preußischen Division *Dobschütz* in der ersten Gefechtsphase bei *Dennewitz*. Nur *Preußen* mit der strengen Schießausbildung seiner Infanterie führte das »Zündnadelgewehr« ein. Dessen Erfolg 1866 zwang auch den anderen europäischen Armeen den gezogenen Hinterlader auf. Dank ihrer Schießdisziplin gab die preußische Infanterie 1866 je Mann nur sieben Schuß ab, aber diese sieben Schuß waren »treffende Argumente«.

Eine andere rationelle Einrichtung *Scharnhorsts* war die ständige Zuteilung jedes Truppenteils zu einem größeren Verband schon im Frieden: 1807–1812 zur Brigade, seit 1813 zu Armeekorps, Division und Brigade, und im Zusammenhang damit die organische Verbindung der Militär- mit der Zivilverwaltung und der einzelnen Truppenteile mit der Landschaft, die sich schon 1813 so ruhmvoll bewährt hatte.

Dagegen wechselten die französischen – übrigens auch die österreichischen – Truppenteile alle zwei Jahre die Garnison, damit sich Truppe und Bevölkerung nicht allzusehr miteinander befreunden konnten. Beide Armeen waren 1815–1870 in erster Linie zum Kampf gegen den inneren Feind bestimmt. Infolgedessen sank das französische Offizierskorps zu einer bespitzelten, verachteten Negativauslese herab und konnte die napoleonische Tradition – mit Ausnahme ihrer bedenklichen Seiten wie Schluderei und Diebstahl in der Heeresverpflegung – um so weniger pflegen, als der Generalstabsdienst im Bürokratismus erstarrte, und der kleine Krieg in Algerien den Grundsatz zur Geltung brachte: »on se débrouillera« – sich durchzuwursteln, statt Operationen überlegt vorzubereiten.

Zwar hatte auch das preußische Offizierskorps im ganzen keinen weiten Horizont. Aber zu Auswahlkriterien für den Generalstab machte Gneisenau 1815

1. unbedingte Achtung vor fremdem Eigentum – wenig napoleonisch

2. universale Bildung.

Damit stand er nicht allein. Der Feldjäger, der am Vorabend der Schlacht bei *Laon* zum Generalkommando des 1. Armeekorps kommandiert wurde, fand *Yorck* und dessen Offiziere bei der Lektüre »*Heinrichs IV.*« von *Shakespeare* mit verteilten Rollen. *Wilhelm v. Humboldt* scheiterte an *Hegels* vertrackter Sprache – *Hegels* Philosophie wurde ihm erklärt von einem Generalstäbler, dem General *Rühle v. Lilienstern*. *Hegels* Dialektik bleibt über weite Strecken gezwungen, nicht frei von Willkür. Dagegen erwächst die Dialektik bei *Clausewitz* zwingend aus konkreter, nüchterner Analyse, beispielsweise die Dialektik von Offensive und Defensive. Die universale Bildung, die solche Früchte zeitigte, hat den preußischen Generalstab von *Gneisenau* bis *Moltke* geprägt. Erst unter dessen Nachfolgern wich sie sturem Spezialistentum. *Hindenburg*, *Ludendorff*, *Hitlers* Feldmarschälle waren universaler Bildung unverdächtig. *Seeckt* und *Baudissin* waren nur noch Ausnahmen.

Die militärische Kritik

Am 4. Oktober 1866 meldete der französische Oberst v. Stoffel: »Marmont sagt von Napoleons Memoiren: ›Wer sie sich zu eigen macht, hat den Instinkt des Krieges.‹ Wie viele französische Offiziere haben sie studiert? ... Sehr wenige haben sie überhaupt gelesen; die sich mit ihnen auseinandergesetzt haben, lassen sich an den Fingern einer Hand aufzählen. Dagegen bekenne ich ohne Übertreibung: in meinen zwei Monaten bei der preußischen Armee (er wurde nach der Schlacht bei Königgrätz als Militärattaché entsandt, K.) habe ich mehr preußische Offiziere gefunden, die das getan haben, als in fünfundzwanzig Jahren französische.«

Napoleons schriftstellerische Werke, von denen *Stoffel* spricht, sind lehrreich durch den Horizont und die außerordentlichen Kenntnisse des Verfassers, aber die in ihnen verfolgte Beweisführung wird vielfach durch seine Verlogenheit entwertet. Das gilt nicht von der Correspondance de Napoléon I, 32 Bände, Paris 1858 bis 1870. Diese war seit ihrem Erscheinen im preußischen Generalstab Pflichtlektüre, unschätzbares Hilfsmittel zur Beantwortung historischer wie praktischer Fragen und Quelle vielseitigster, keineswegs nur militärischer Belehrung. Ein bezeichnendes Beispiel bietet Stosch.

1. Dieser begründete seinen militärischen Ruhm als Generalquartiermeister der 11. Armee 1866, unter anderem indem er die »strategische Auszehrung« vermied, so weit sie durch Zurücklassung von Etappengarnisonen entsteht. Er machte sich zunutze, daß zahlreiche Nachzügler einer vormarschierenden Armee folgen: Rekonvaleszenten, Kommandierte, Beurlaubte, Ersatz. Solche Nachzügler verwandte er als Etappenbesatzungen. Den Trick hatte er bei *Napoleon* gelesen.

Unter dem überwältigenden Eindruck der »correspondance« sahen die preußisch-deutschen Kriegshistoriker mit *Napoleons* Augen, beispielsweise *Rudolf Friederich* in seiner wundervollen *Geschichte der Befreiungskriege*. Daher versteht *Friederich* nicht das Treffende von *Marmonts* und *Schlieffens* Kritik an *Napoleons* Heeresverpflegung und Kräftezersplitterung 1813. Deutsche Autoren wie *Friederich* werden *Napoleon* in höherem Maße gerecht als französische: sie halten sich an diejenigen Äußerungen *Napoleons*, in denen sich seine für praktische Zwecke entscheidende, also wirkliche Auffassung niedergeschlagen hat. Deren

Fortentwicklung verfolgen sie von Stunde zu Stunde, von Tag zu Tag, von Monat zu Monat und begründen darauf ein faires Urteil. Die napoleonische Legende, von deren Einfluß sich kaum ein französischer Autor freizuhalten weiß, lassen sie unbeachtet. Im Zweifelsfall irren sie sich zu *Napoleons* Gunsten. Ihnen ist nicht immer gegenwärtig, welch einseitige Auswahl die *Correspondance de Napoléon I.* bietet; das für den Imperator Abträgliche haben die Herausgeber diskret unterdrückt.

Napoleon überblickte die Einzelheiten überaus genau. Ebenso ungewöhnlich waren seine Arbeitskraft und Umsicht, sein rascher Entschluß. Das hatte dieselbe schädliche Nebenwirkung wie bei *Friedrich dem Großen:* es verhinderte eine rationelle Organisation. Sie ist unmöglich, wenn der Höchstkommandierende und Regierungschef sich ständig mit Aufgaben beschäftigt, die einem Major im Generalstab oder einem Ministerialrat zukommen.

Einer der verhängnisvollsten Tage in *Napoleons* Laufbahn war der 28. August 1813, als er die Garde bei *Pirna* und *Dresden* anhielt, statt sie auf den unmittelbar vor der Front befindlichen Gegner loszulassen und ihn zu vernichten. Für diesen Tag, übrigens auch für den Vormittag des 18. Juni 1815 bei *Waterloo*, hat man *Napoleons* zögerndes Verhalten mit Krankheit entschuldigen wollen.

Zu Unrecht. Bis zum Ende seiner militärischen Laufbahn blieben seine körperliche Ausdauer, seine guten Nerven, seine blitzschnelle Auffassung, seine unglaublich scheinende Arbeitskraft erhalten. *Friederich* zeigt, welch ungeheure Arbeit *Napoleon* am 28. August

1813 geleistet hat. Er erließ vielfältige, eingehende Weisungen an die Regierung in *Paris* sowie an seine geschlagenen Marschälle bei *Wittenberg* und *Löwenberg*. Sein Urteilsvermögen und seine Arbeitskraft waren auf alter Höhe. Aber er war mit Funktionen überlastet – als Regierungschef, als oberster Kriegsherr, dem auch die Heimatarmee in *Frankreich* sowie *Italien*, die französischen Armeen auf den entfernten Kriegsschauplätzen in *Kärnten* und *Spanien* unterstanden, als Höchstkommandierender auf dem deutschen Kriegsschauplatz von *Bayern* bis *Hamburg*, und schließlich als Oberkommandierender der Armee im Raume *Dresden*. Selbst er war dadurch überfordert und vergriff sich in den Prioritäten.

Daß *Napoleon* trotz dieser Überlastung solche militärischen Mißgriffe wie am 28. August 1813 nur selten beging, verdankte er seinem Generalstabschef *Berthier*. Dieser war mit *Napoleon* so vertraut und besaß ebenfalls eine so außerordentliche Arbeitskraft, daß er die üblen Folgen von *Napoleons* Über-Aktivität meist ausgleichen konnte. Anders 1815. Da fehlte nicht nur *Berthier*, sondern *Napoleon* erschwerte die Aufgabe von dessen Nachfolger *Soult* auch unnötig durch Zerreißung der Verbände. Am 17. Juni zersplitterte er nicht nur die Armee im ganzen, sondern nahm dem 2. und 6. Armeekorps je eine Infanteriedivision, dem 3. Armeekorps und dem 1. Kavalleriekorps je eine Kavalleriedivision fort. Das waren nicht weniger als vier Divisionskommandos, die von diesem Tage an ihre Befehle unmittelbar vom Kaiser, beziehungsweise von den beiden Armee-Oberkommandierenden (*Ney* und *Grouchy*) erhielten, oder vielmehr erhalten sollten;

denn infolge des Befehls-Wirrwarrs blieb die Division *Girard* ohne Befehle.

Napoleon erledigte dank seiner Arbeitskraft und seines scharfen Gedächtnisses wichtige Aufgaben des Generalstabs selber; das führte zu dessen Verkümmerung. Dagegen bot *Blücher* dem preußischen Generalstab ideale Entfaltungsmöglichkeiten, gerade weil er selbst zur Vorbereitung seiner Entschlüsse und zur Redaktion der Anordnungen zu ihrer Durchführung unfähig war. Dafür war er auf gleichgestimmte Gehilfen angewiesen. Er besaß aber einen viel schärferen Verstand, als ihm die allgemeine Vorstellung zubilligt, faßte seine Entschlüsse in klarem Bewußtsein ihrer Tragweite und seiner Verantwortung, hielt unbeirrbar an ihnen fest, übertrug seine eigene Kühnheit und Unbeugsamkeit auf seine Umgebung und seine Armee, fragte ausschließlich seinen Generalstabschef um Rat und gewährte ihm unbedingtes Vertrauen. Er gab das Rätsel auf: »Ich küsse meinen Kopf. Wie mache ich das?« und bezeichnete die Lösung, indem er *Gneisenau* auf die Stirn küßte. Umgekehrt schrieb ihm sein Generalstabschef von Oktober bis November 1806, *Scharnhorst:*

»Sie sind unser Anführer und Held, und müßten Sie auch auf der Sänfte uns vor- und nachgetragen werden. Nur mit Ihnen ist Entschlossenheit und Glück.«

Ein so hochgezüchteter Generalstab wie der preußische seit *Gneisenau*, besonders aber seit *Moltke* pflegt die kriegsgeschichtliche Forschung. Scheinbar geringfügige Einzelheiten können für das militärische Urteil entscheidend sein, beispielsweise die Uhrzeit von

Gneisenaus Befehl an das I. bis III. Armeekorps zum Marsch nach *Plancenoit* (*Waterloo*). Überhaupt ist nicht selten der Zeitpunkt eines militärischen Schriftstücks wichtiger als der Inhalt. Zur Ermittlung der Einzelheiten halten sich die Forscher möglichst an die Akten: Meldungen, Befehle, Denkschriften, dagegen werden die Erinnerungen der Mitkämpfer nur mit Vorsicht benutzt, denn das Gedächtnis ist vielfältig getrübt, und ihm zufolge war zumeist der andere schuld.

In *Frankreich* gilt *Gouvion St. Cyr* als Begründer dieser Forschungs-Methode. Für *Stendhal* war dessen Stil ein Vorbild von Nüchternheit und Präzision. Um sich auf das Schreiben einzustimmen, las er vorzugsweise den *Code Civil* oder die Memoiren *Gouvion St. Cyrs*. Mit dessen Tod starb seine Methode in *Frankreich* für ein halbes Jahrhundert aus, infolge der bürokratischen Erstarrung des französischen Generalstabs.

Kriegshistoriker bearbeiten vorzugsweise die Geschichte der eigenen Armee und sind ihr gegenüber selten unparteiisch. Dennoch hat in den beiden Jahrzehnten 1895–1914 in dieser Disziplin zwar nicht deutsch-französische Zusammenarbeit, aber doch bemerkenswerte Übereinstimmung geherrscht. Beispielsweise stimmt *Foucarts* Darstellung der Feldzüge von 1806–1807 und vom Frühjahr 1813 mit den entsprechenden deutschen Arbeiten von *Lettow-Vorbeck*, *Holleben* und *Cämmerer* überein. Dazu hat *Stoffel* durch sein Ansehen auf beiden Seiten und seine Stellung als Archivdirektor – also als Anlaufstelle für die deutschen Forscher – wesentlich beigetragen. Beide Armeen hatten 1806–1807, 1813–1815 und 1870 bis

1871 gegeneinander Kriege geführt, deren historische Erforschung von höchstem wissenschaftlichem wie praktischem Interesse war. Sie erheischte Wahrheitsliebe und Fairneß, also Selbstkritik auf beiden Seiten.

Am aktuellsten war für beide Parteien der letzte Krieg, der von 1870–1871. Er bot modernere Verhältnisse als die Kriege *Napoleons* und in *Moltke* einen Führer, der die Arbeitsweise des Generalstabs besser beherrschte und *Napoleons* strategische Grundsätze konsequenter beachtete als dieser selbst. Allerdings begann die wirklich generalstabsmäßige, das heißt kritische Bearbeitung dieses Krieges eigentlich erst nach 1890, denn in Frankreich mußte zuvor der Generalstab ein halbes Jahrhundert des Verfalls überwinden, in *Deutschland* dagegen patriotische Tabus, vor denen sich selbst *Moltke* beugte:

»Was in einer Kriegsgeschichte publiziert wird, ist stets nach dem Erfolg appretiert; es ist aber eine Pflicht der Pietät und der Vaterlandsliebe, gewisse Prestigen nicht zu zerstören, welche die Siege unserer Armeen an bestimmte Persönlichkeiten knüpfen.«

Daher ist es kein Zufall, daß deutscher Bahnbrecher der generalstabsmäßigen Kritik am Kriege 1870–1871 ein Außenseiter war: *Hönig*. 1871 hatte er wegen eines im Krieg erworbenen Leidens als Hauptmann seinen Abschied genommen. Nach 1895, unter *Schlieffen* als Generalstabschef und *Friederich* als Leiter der kriegsgeschichtlichen Abteilung II, hat der deutsche Generalstab *Hönigs* Forschungsansätze aufgenommen und durchgeführt.

Dagegen sind *Hönigs* grundlegende Forschungen über *Cromwell* unbeachtet geblieben. Wie er nachwies, hatte *Cromwell* wesentliche kavalleristische Neuerungen *Friedrichs des Großen* und *Napoleons* vorweggenommen, aber das wurde nach 1900 durch die Wirkung der modernen Feuerwaffen und durch das Größenwachstum der Heere unaktuell. Ferner schwand das Interesse an der englischen Revolution. Für die britischen Offiziere begann die Geschichte ihrer Armee mit *Marlborough*. Die von *Cromwell* geführten, kleinbürgerlichen Independenten beleidigten ihr Standesbewußtsein, *Cromwell* selber war ihnen peinlich als Königsmörder, zudem konnten sie kein Deutsch. Umgekehrt waren den kontinentalen Armeen die britische Armee und ihre Geschichte gleichgültig. Diese Vereinigung ungünstiger Umstände verurteilte *Hönigs* Werk zur Vergessenheit.

In *Frankreich* hat *B. E. Palat* (Pseudonym *Lehautcourt*) in den fünfzehn Jahren 1893–1907, in seinen fünfzehn Einzelbänden über die einzelnen Feldzüge des deutsch-französischen Krieges und dann in der abschließenden Monographie über *Moltkes* Strategie in diesem Kriege etwas geliefert, was mit den Arbeiten der preußisch-deutschen Generalstäbler über *Napoleon*, hauptsächlich über dessen Feldzüge in *Deutschland*, verglichen werden kann. Während sich aber französische Kriegshistoriker das Verständnis für *Moltke* mühsam erarbeiten mußten, brachten die deutschen das Verständnis für *Napoleon* mit, spätestens seit ihrem Studium auf der Kriegsakademie. Übrigens beschränkte sich ihr Verständnis auf diejenigen militärischen Sachgebiete, auf denen *Napoleons* Stärke lag. Sie teilten sein Unverständnis für die britische Seemacht. Die wirtschaftlichen, maritimen, selbst militärischen

Vorteile *Großbritanniens* vor *Napoleon* lagen außerhalb ihres Gesichtskreises.

Beispielsweise arbeitet *Lettow-Vorbeck* zutreffend, und zwar besser als die britischen Historiker, die Unzulänglichkeit von *Wellingtons* Führungsmethode 1815 heraus, übersieht indes, daß es sich um die Kehrseite eines Verfahrens handelte, das unter den speziellen Verhältnissen des Halbinselkrieges am Platz gewesen war und *Wellington* durch die anachronistische Organisation der britischen Heeresverwaltung aufgezwungen wurde. Wie *Friederich* die Fairneß gegenüber *Napoleon* übertreibt, so *Lettow-Vorbeck* gegenüber *Wellington*. Ihm entgeht, daß jene Unzulänglichkeit auch mit den Schattenseiten in *Wellingtons* Charakter und sozialer Stellung zusammenhängt, die ihn nach 1815 zum bestgehaßten Mann im Königreich und selbst für seine eigene Partei unerträglich machten.

Angesichts der zentralen Stellung des Generalstabs im wilhelminischen Deutschland darf man von seinen Historikern auch keine Einsicht in *Napoleons* Stellung zur französischen Revolution erwarten. *Schlieffen* hat *Gneisenaus* strategische Leistung herausgearbeitet. Aber ihm als preußischem Gardeoffizier war der revolutionäre Charakter der preußischen Reform so peinlich, daß er über *Gneisenaus* Anteil daran mit ein paar nichtssagenden Worten hinweggleitet. Noch weniger verstand er das, was in *England* als ›grand strategy‹ bezeichnet wird. Dieses Unverständnis war eine der Wurzeln des »*Schlieffen*-Plans«.

Jeder kontinentaleuropäischen Armee war in den Kriegen der letzten Jahrhunderte die strategische Aufgabe mehr oder weniger eindeutig vorgezeichnet.

Hingegen stand der britischen Armee frei, sich an kontinentalen Feldzügen zu beteiligen oder nicht, und wenn ja, zu welchem politischen und militärischen Zweck, wie, wo, mit wie starken oder schwachen Streitkräften. Diese Fragen sind Gegenstand der »grand strategy«. Eine anerkannte, befriedigende Lehre darüber fehlt. *Liddell Hart* hat sie auszuarbeiten versucht. Es ist ihm nicht gelungen. Gleichwohl war das Bewußtsein dieser Problematik in *England* stets lebendig.

Demgemäß wurde im ersten Weltkrieg um zwei entgegengesetzte Lösungen gestritten. Gegen den militärischen Masseneinsatz in *Frankreich* setzte *Churchill* das periphere Eingreifen mit schwächeren Kräften. Dieser an sich richtige Gedanke lag dem *Dardanellen*-Unternehmen zugrunde. Es scheiterte, weil es nicht von vornherein sachgemäß angepackt wurde.

Dagegen bieten die Strategie des älteren *Pitt* im siebenjährigen Krieg und der Halbinselkrieg 1808 bis 1814 klassische Beispiele, wie *Großbritannien* den strategisch richtigen Einsatz seiner Seemacht mit beschränktem, aber durchdachtem Einsatz eigener sowie hannöverscher Truppen auf dem Kontinent verbinden und dadurch die militärische Entscheidung auf dem Kontinent bestimmen konnte.

Die Blindheit des *Schlieffen*schen Generalstabs dafür ist erklärlich. Selbst in *Großbritannien* blieben Heer und Flotte einander fremd. Erst im zweiten Weltkrieg wurde dieses gegenseitige Unverständnis überwunden. Zudem war Nicht-Seeleuten außerhalb *Großbritanniens* die maritime Literatur unverständlich, mindestens in der Segel-Epoche. Nur ein maritimes Buch erreichte ein breiteres, auch nicht-seemännisches

Publikum: *Mahans* Werk von 1890–1892 über den Einfluß der Seemacht auf die Geschichte der europäisch-nordamerikanischen Kriege 1660–1815, also der Kriege Ludwigs XIV. bis XVI., der französischen Revolution und *Napoleons* gegen *Großbritannien*. *Mahan* zeigt, warum die französische Schlachtflotte unter Ludwig XIV. dem Wohlfahrtsausschuß und *Napoleon* im Kampf um die Seeherrschaft unterlag, wie die französische Seekriegsleitung nach der Niederlage beide Male ihre Zuflucht zum Handelskrieg (»guerre de course«) nahm, und warum dieser erst recht scheitern mußte. Damit nahm *Mahan* sechs Jahre vor dem Beginn von *Tirpitz'* Flottenbau das Scheitern sowohl dieses selbstmörderischen Abenteuers wie des zweimaligen deutschen U-Boot-Krieges vorweg. Die deutschen Seeoffiziere lasen *Mahan* fleißig, und zwar wie seit zwei Jahrtausenden die Christen die Bergpredigt: ohne Folgerungen für die eigene Praxis. Wenn schon die deutschen Seeoffiziere nicht von *Mahan* lernten, daß die britische Seemacht, unterstützt von der nordamerikanischen, den ersten Weltkrieg entscheiden werde, so durfte man diese Voraussicht erst recht nicht vom deutschen Generalstab erwarten.

Mahans Werk behält seine grundlegende Bedeutung für das Verständnis des britisch-französischen Seekrieges 1793–1814, und insofern *Napoleons*. Eine aktuelle Ergänzung bietet *Roskills Strategy of Sea Power – it's Development and Application* von 1962. Aus der Seekriegsgeschichte von *Drake* bis zum zweiten Weltkrieg leitet *Roskill* deren strategische Lehren ab. In beiden Weltkriegen hat er auf der britischen Flotte gedient, hat neben anderen, bedeutenden historischen Arbeiten

(*Churchill and the admirals*) die offizielle Geschichte der britischen Flotte im zweiten Weltkrieg verfaßt und als stellvertretender »Director of Naval Intelligence« einem Stabe angehört, in dem seit Admiral *Godfrey* universale Bildung ebenso vorausgesetzt wurde wie im preußischen Generalstab von *Gneisenau* bis *Moltke*. Aus seiner seemännischen Betrachtungsweise ergeben sich ungesucht, ungezwungen und um so zwingender die maritimen Parallelen zwischen *Napoleon* und *Hitler*, die wir referiert haben.

Die generalstabsmäßige Erforschung der napoleonischen Epoche fand im August 1914 ein jähes Ende. Als Offiziere widmeten sich die Forscher der praktischen Seite ihres Berufs, und so weit sie nach 1918 die historische Forschung wieder aufnahmen, bearbeiteten sie ein aktuelles Thema: das praktische Interesse, das der generalstabsmäßigen Kriegsgeschichte zugrunde liegt, galt nun vornehmlich dem ersten Weltkrieg.

Nur ein wichtiges, vor 1914 begonnenes Werk zur napoleonischen Kriegsgeschichte wurde nach 1918 wieder aufgenommen: Sir *Charles Omans* Darstellung des Halbinselkrieges. So weit es außerhalb *Großbritanniens* noch Forschung über *Napoleons* Kriege gab, betraf sie deren soziale, wirtschaftliche, finanzielle und administrative Aspekte. Nur in *Großbritannien* sind der Halbinselkrieg und der Feldzug von 1815 noch Gegenstand seriöser kriegsgeschichtlicher Forschung, jedoch unter Ignorierung deutschsprachiger Quellen und Forschung – ebensowenig wird die deutsche Literatur zur Skagerrakschlacht beachtet.

Auch das soziale und politische Urteil über *Napoleon* und seine Stellung in der französischen Revolution wird durch praktische Interessen und Erfahrungen bestimmt. 1989 feierte *Frankreich* die Zweihundertjahrfeier der französischen Revolution. Was sollte an ihr gefeiert werden? Die Menschenrechte oder ihre Abschaffung? Der Bastille- und Tuileriensturm oder der Brumaire? Der Rote Hahn auf den Schlössern und Klöstern oder der Code Napoléon? Das Zensuswahlrecht von 1791 und 1795 oder das gleiche Wahlrecht aller erwachsenen Männer von 1793 nebst direkter Demokratie? Die Guillotinierung des Königspaares oder *Robespierres*? *Mirabeau*, *Marat* oder noch besser *Danton*?

Die politischen und militärischen Veranstaltungen am 18./19. Brumaire waren das Vordergrund-Theater. Das eigentliche Stück spielte hinter den Kulissen. Dort bestellte die französische Geschäftswelt (»die Bourgeoisie« oder »das Kapital«), vertreten durch *Siéyès* und dessen parlamentarisch-administrativen Stab, *Napoleon* als ihren Geschäftsführer.

In dem folgenden Jahrzehnt gab sich die französische Geschäftswelt eine weniger zufällige Verfassung. Die Pariser Hochfinanz wurde gewissermaßen zu ihrem Aufsichtsrat, *Talleyrand* zu dessen informellem Vorsitzenden. Ende 1808 kam dieser Aufsichtsrat zu der Überzeugung, die Interessen der französischen Geschäftswelt erforderten einen anderen Geschäftsführer. Denn den Verlusten, die der Krieg verursachte, und deren Zunahme mit Sicherheit vorauszusehen war, standen keine entsprechenden Vorteile mehr gegenüber. Von dem derzeitigen Geschäftsführer war aber kein Ende des unerträglichen Kriegszustandes zu erwarten.

Merkwürdigerweise wird das offizielle französische Urteil über *Napoleon* nicht durch diesen Gegensatz bestimmt. Denn die auf ihn folgenden Regierungen forderten allzusehr zur Kritik heraus. Es lag nahe, ihnen *Napoleon* als glänzende Folie entgegenzuhalten. Sie vertraten einzelne Besitz-Oligarchien, er hingegen die Klassen-Solidarität aller Besitzenden.

1830–1873 war *Thiers* Hauptsprecher der französischen Geschäftswelt und als solcher wiederholt Finanzminister oder Ministerpräsident. War er gerade nicht Minister, so schrieb er nach und nach die zwanzig Bände seiner »Geschichte des Konsulats und des Kaiserreichs« als umfassend dokumentiertes, literarisch wirkungsvolles Manifest der *Napoleon*-Legende. Noch heute ist diese Legende ideologisches Fundament des französischen Imperialismus. Ihn vertraten auch »sozialistische« Minister- beziehungsweise Staatspräsidenten wie *Léon Blum*, *Guy Mollet*, *François Mitterand* und »kommunistische« Minister wie *Maurice Thorez*. Demgemäß hat sich auch die französische Linke nicht von der *Napoleon*-Legende befreit. Eine so vollständige Katastrophe, wie sie der deutsche Imperialismus 1945 erlitten hat, und deren geistig befreiende Wirkung sind dem französischen Imperialismus erspart geblieben.

Die Herrschaft über *Frankreich* verdankte die Geschäftswelt zwei miteinander parallelen plebejischen Erhebungen: der »jacquerie« – in ihr kündigten die bis dahin leibeigenen Bauern die Fronpflichten auf und illuminierten deren Abschaffung durch brennende Adelssitze und Klöster – und den Straßenaufständen der *Sansculotten*, das heißt, der kleinen Leute in der Stadt. Beide Erhebungen erreichten 1793 den Höhepunkt, beide waren *Napoleon* tief zuwider. Als Unterleutnant kartätschte er am 17. Juli 1789 in *Seurre sur Saône* einen Brotkrawall der »canaille« nieder. Am 10. August 1792 war er in *Paris* widerwilliger Zeuge des Tuileriensturms. Seiner Meinung nach war der König zu feige (»que coglione!«), um zu Pferde zu steigen und an der Spitze seiner *Schweizer* durch die Straßen zu paradieren. Hätte er das getan, so wäre er nach *Napoleons* Überzeugung mit dem Aufstand fertiggeworden. Nur wenn die revolutionären Plebejer unter *Napoleons* Führung kämpften – als korsische Sansculotten 1789–1792 und als französische Soldaten seit 1793 – waren sie in seinen Augen nicht *»canaille«*.

Demokratische Gegenmanifeste zu *Thiers* bildeten die Revolutionsgeschichten von *Edgar Quinet* und vor allem von *Jules Michelet*. Sie wirkten weder so stark noch so nachhaltig wie die von *Thiers*. *Michelets* Vater war selbständiger Buchdrucker gewesen und hatte eine Zeitung verlegt; durch *Napoleons* Pressezensur 1800 wurde er ruiniert. Also war *Michelet* durch Familientradition mit den Sansculotten verbunden, rechnete aber zu ihnen weder die städtischen noch gar die ländlichen Lohnarbeiter. In dieser bürgerlichen Einstellung stimmte er mit *Napoleon* überein, nur vertrat dieser nicht das Kleinbürgertum, sondern die bürgerlichen Unternehmer.

In deren Interesse bedrohte der Code *Pénal* Lohnabreden der Arbeiter mit mindestens einem Monat Gefängnis, für Rädelsführer mit zwei bis fünf Jahren (Artikel 415). Die Verfolgung von Gewerkschaften stammte schon von der Konstituante (»Loi Chapelier«); nicht einmal der Konvent von 1793–1794 hatte sie aufgehoben. Ferner genießt im Streitfall der Arbeitgeber

»Glauben hinsichtlich

1. der Lohnhöhe,
2. der Lohnzahlung für das abgelaufene Jahr,
3. der Abschlagszahlungen für das laufende Jahr« (Artikel 1781 Code Civil, zitiert nach dem zweisprachigen Exemplar, nach dem ein Ur-Urgroßvater des Verfassers erst als kaiserlich französischer, dann als königlich preußischer Richter in Koblenz Recht gesprochen hat)

Zwar wollte *Michelet* es nicht wahrhaben, aber lebendig war die Sansculottentradition seit den dreißiger Jahren nur noch unter den Industriearbeitern. In seinen *Paris*er Reportagen bezeichnet *Heinrich Heine* als deren Aktionsprogramm – gewissermaßen den Kontrapunkt – die Verfassung von 1793, und als Weltanschauung – gewissermaßen die Oberstimmen – den »Kommunismus«, zu dem er sich in *Deutschland*, ein Wintermärchen (1844), den *Geständnissen* (1854) und dem Vorwort von 1855 für die französische Ausgabe seiner *Frankreich-Reportagen (Lutetia)* ausdrücklich bekennt. *Marx* und Engels (*Heine:* »diese Doctoren der Revolution ... sind ... die fähigsten Köpfe und die energievollsten Charaktere *Deutschlands*«) rubrizierten den damaligen französischen Kommunismus als »utopischen Sozialismus«.

Ihren wissenschaftlich konsequentesten Ausdruck hat die Sansculottentradition in der Geschichte der französischen Revolution des Anarchisten *Peter Kropotkin* gefunden (deutsche Übersetzung von *Gustav Landauer*). Seit achtzig Jahren werden die sozialgeschichtlichen Tatsachen der Revolutionsepoche von robespierristischen Historikern erforscht, die an Jaurés' monumentale *Histoire Socialiste* anknüpfen und sich um die *Annales Historiques de la Révolution Française* (anfänglich Annales Révolutionnaires) gruppieren. Sie identifizieren sich mit der revolutionären Demokratie, mit dem Vorbehalt, daß sich die revolutionären Massen den Führern beziehungsweise Parteiapparaten unterordnen.

Trotzki war frei von diesem Vorbehalt. 1905 war er Vorsitzender des Petersburger Arbeiterrats, 1917 des Petrograder Arbeiter- und Soldatenrats; beide Male erwies er sich praktisch als Meister in der Mechanik revolutionärer Massen. Seine historischen Werke über beide Revolutionen beweisen, daß seine intuitive Beherrschung dieser Mechanik auf ihrer wissenschaftlichen Analyse beruhte. In dem Kapitel »Doppelherrschaft« seiner *Geschichte der russischen Revolution* (Originalausgabe 1932 bei Samuel Fischer; seit 1991 ist nach langer Pause wenigstens die Taschenbuchausgabe wieder im Handel) skizziert er genial die Rolle der revolutionären Massen in der englischen und französischen Revolution.

Die Fruchtbarkeit von *Kropotkins* und *Trotzkis* Betrachtungsweise erweist sich an *Daniel Guérins* Untersuchung über die Jacobiner und die *Paris*er Sansculotten 1793–1794 (mit Fortsetzung bis zu

Babeufs Scheitern 1797). Sie liegt unserer Darstellung von *Napoleons* Verhältnis zu den Jacobinern zugrunde.

Mindestens so aktuell wie die *Napoleon*-Legende, die ja auf *Frankreich* beschränkt bleibt, ist der »Bonapartismus«(*Marx*) als Methode, den bürgerlichen Staat in revolutionären Krisen aufrecht zu erhalten, indem der Diktator vorgibt, über den Klassen zu stehen. Das bedeutendste Beispiel dafür bleibt die Diktatur *Napoleons* I. selber. Nachahmungen waren die offene Diktatur *Napoleons* III. und die verhüllte Diktatur *Bismarcks.* Zu *Trotzkis* bemerkenswertesten Einsichten gehört, daß die Regierung *Kerenskis* in *Rußland* 1917 sowie die Regierungen *Brünings*, *Papens* und *Schleichers* in *Deutschland* 1930–1932 gleichfalls bonapartistische Versuche waren. Der Faschismus ist eine grundsätzlich andere, vom Bonapartismus streng zu unterscheidende Methode. Beide deutsche Arbeiterparteien haben durch ihr Verhalten zum deutschen Bonapartismus 1930–1933 zu *Hitlers* Sieg beigetragen: die SPD durch Unterwerfung und verschleierte Mitarbeit, die KPD, indem sie die bonapartistischen Regierungen als faschistisch hinstellte, dadurch den Unterschied zwischen beiden, und damit das wirkliche, verhängnisvolle Wesen des Faschismus, verschleierte, beide, indem sie die deutsche Arbeiterschaft kampfunfähig machten: die SPD absichtlich, die KPD unabsichtlich, aber nicht weniger schuldhaft.

Wie wir gezeigt haben, lag eine der unmittelbaren Ursachen für *Napoleons* Untergang in seiner Überlastung mit untergeordneten Funktionen. Dagegen waren die Eingriffe in die Verwaltung, die er als erster Konsul beging, anderer Art. Sie beeinträchtigten nicht die Initiative der unteren Organe, sondern dienten umgekehrt dazu, deren Selbsttätigkeit auf das Höchstmaß zu spannen. Dagegen entsprangen in den späteren Jahren seine Eingriffe in die unteren Verwaltungs- und Kommandoebenen auch dem mißtrauischen Gefühl, als Parvenü keine so unbedingte Loyalität zu genießen wie »angestammte« Monarchen. Auf diesem Umweg drang in sein Bewußtsein, daß er allerorten, auch in *Frankreich* selbst, die Geduld der Unterworfenen beziehungsweise der Untertanen durch seine wahnwitzigen Erpressungen an Gut und Blut erschöpfte. Als erster Konsul war er wohlunterrichtet über die Intrigen seiner Umgebung und die royalistischen Mordverschwörungen, aber sie konnten ihn nicht beirren. Vielmehr gewährte er damals seinen Untergebenen das hohe Maß an Vertrauen, Initiative und Selbständigkeit, das ihre Leistung auf das Höchstmaß steigerte.

Diese inneren Widersprüche sind von den Historikern kaum wahrgenommen worden. Eindrucksvoll dargestellt sind sie dagegen beispielsweise in den Erinnerungen *Bourriennes*. In dessen Leben bildete die Funktion als *Napoleons* Privatsekretär den Höhepunkt, dem ersten Konsul bewahrte er lebhafte Zuneigung, aber als französischer Vertreter in den Hansestädten wurde *Bourrienne* zum Vertreter hansischer – wie *Murat* in *Neapel* zum Vertreter neapolitanischer – Interessen. Bei seiner Rückkehr nach *Paris* 1810 konnte er sich dank seiner weitverzweigten Verbindungen leicht ein Bild von der weit fortgeschrittenen Zersetzung in *Napoleons* Kaiserreich machen, er bekam heraus, daß Finanzerpressung, Kontinentalsperre und willkürliche Grenzverschiebungen in

Holland, in den *Rheinbundstaaten*, in den von *Frankreich* einverleibten Gebieten *Nordwestdeutschlands*, in *Oberitalien* die gleiche Verzweiflung und Erbitterung hervorgerufen hatten, und daß es wenigstens einen Mann gab, der *Napoleon* 1812 klaren Wein darüber einschenkte: *Rapp* als Gouverneur von *Danzig*.

Rapp sagte *Napoleon*, infolge ihrer maßlosen Übergriffe seien die Franzosen bei ihren Verbündeten verhaßter als der ärgste Feind; die Rheinbundfürsten, so meldete er zutreffend, warteten nur auf den Augenblick zum Abfall, lediglich den König von *Sachsen* ausgenommen, aber der werde von seinem Volke zur Parteinahme gegen die Franzosen gezwungen werden. *Rapp* war überzeugt, der Rückschlag in *Rußland* sei unvermeidlich und werde zum Zusammenbruch der ganzen napoleonischen Herrlichkeit führen. Aus diesem Pessimismus heraus hat er die Verteidigung von *Danzig* so gründlich und wirkungsvoll vorbereitet. Ähnliche Belehrungen spendete *Napoleons* Bruder *Jérôme*.

Uwarow hat in seiner Schrift über *Stein* und *Pozzo di Borgo* davon gesprochen, man habe sich überall in Europa auf offener Straße gegen *Napoleon* verschworen, *Bourrienne* schildert das Wie. Er hegte keineswegs die Absicht, gegen *Napoleon* zu arbeiten. Aber wie im Dritten Reich der bloße Austausch von Kritik und Informationen, gewollt oder ungewollt, den Charakter des Widerstandes annahm, so auch unter *Napoleon* in den letzten Jahren seiner Herrschaft. Daher war es kein Zufall, daß *Napoleon* über so viele Dolchstöße zu klagen fand, daß ihn 1814 seine Marschälle zur Abdankung zwangen, daß damals zwei seiner Schwäger gegen ihn unter Waffen standen. Auch in *Frankreich* war den Einsichtigen klar, daß *Napoleons* Maßlosigkeit zu seinem Sturz führen müsse. In gewissen Einzelheiten ist *Bourrienne* wenig glaubwürdig, aber das Gesamtbild, das er im siebten und achten Band seiner Erinnerungen entwirft, ist richtig und zwingend, es hat durch unsere Erfahrungen im Dritten Reich ein hohes Maß an Aktualität gewonnen: auch das ein praktischer Gesichtspunkt zur Beurteilung der ökonomischen, politischen und militärischen Geschäfte *Napoleons* und deren Auswirkungen auf *Europas* Geschichte und Gegenwart.